舌の上の階級闘争

「イギリス」を料理する

ズ・キッチン

moner's Kitchen

「コモナーズ・キッチン」へようこそ

何を食べているか言ってごらん。どちらの階級の人間なのか、当ててやろう。

フランスの美食家ブリア＝サヴァランがイギリス人だったらこう言ったかもしれない。どうやらイギリスという国の社会には、どんな料理を誰が作るのか、誰が好むのか、誰が嫌うのかという分断によって色付けされてきた歴史があるらしい。特に階級によって、財産を持つか持たないかの違いによって、身体と時間を貨幣に換算しなくても生きてゆかれるか、そうでもしないと食うに困るか、の違いによって、作って食べる料理が大きく異なる、らしい。

そういうイギリスの、そもそも「イギリス料理」って何なんだろうか？　上流階級だけの嗜み、たとえばアフタヌーンティーは「イギリス」を代表する食文化なんだろうか？もともとは労働者階級の「めし」だったフィッシュ＆チップスは、いまでは高級デパートの英国フェアで目玉商品として並んでいる。これは「階級上昇」なんだろうか？

プディングの味は食べてみなければわからない。
(The proof of the pudding is in the eating.)

階級によって異なると言われる「めし」の味も、食べてみなければわからない。だったら実際作って食べてみたらいいじゃないか。作って食べて、その階級の違いとやらを舌で味わってみたらいいじゃないか。

そうして生まれたのが、このキッチンである。

われわれ「コモナーズ・キッチン (the commoner's kitchen)」は、コモナーとしてコモナーとともに料理を作り、テーブルを囲み、食べ、飲む者たちのコレクティヴである。コモナー (commoner)」は、どうにも日本語に訳しにくい言葉だ。庶民、平民、民間人、市井の人々。どれもしっくり来ないので、われわれはわれわれをコモナーと呼ぶことにする。名は体を表す。コモン〈共〉を担い、分かち合う人間たち。

われわれはコモナー、社会階級に固まる前の、有象無象の集まりだ。だから「めし」の間を彷徨って、貪り、味わい、嚙み砕き、舌の上で階級闘争を起こしてみよう。コモンを分断するその「違い」をまずは胃袋に収めてみたい。思い切りうまく作り、思い切り美味く食してみよう。

0 150km
スコットランド
マレイグ（9章）
スターリング（3章）
グラスゴー（6、10章）
ノーサンバーランド州（9章）
ウィトビー（9章）
ヨーク（9章）
北アイルランド
イングランド
南ヨークシャー（2章）
ベルファスト（3章）
シェフィールド（1、5、8章）
リンカーンシャー（3、11章）
リンカーン（3、11章）
モーカム（12章）
ノッティンガム（11章）
ウィガン（1章）
メルトン・モーブレー（11章）
マンチェスター（1、7、8章）
レスター（11章）
アイルランド
ノリッチ（12章）
グレート・ヤーマス（9章）
バーミンガム（6、8章）
ロウストフト（2章）
コヴェントリー（1章）
ケンブリッジシャー（11章）
ケンブリッジ（3章）
ウェールズ
ロンドン
ケント州（12章）
ブリストル（11章）
カレー（5章）
サセックス地方（12章）
ウィンブルドン（12章）
オクスフォード（3、6章）
フランス
ギルフォード（1章）

〈イギリス全図〉

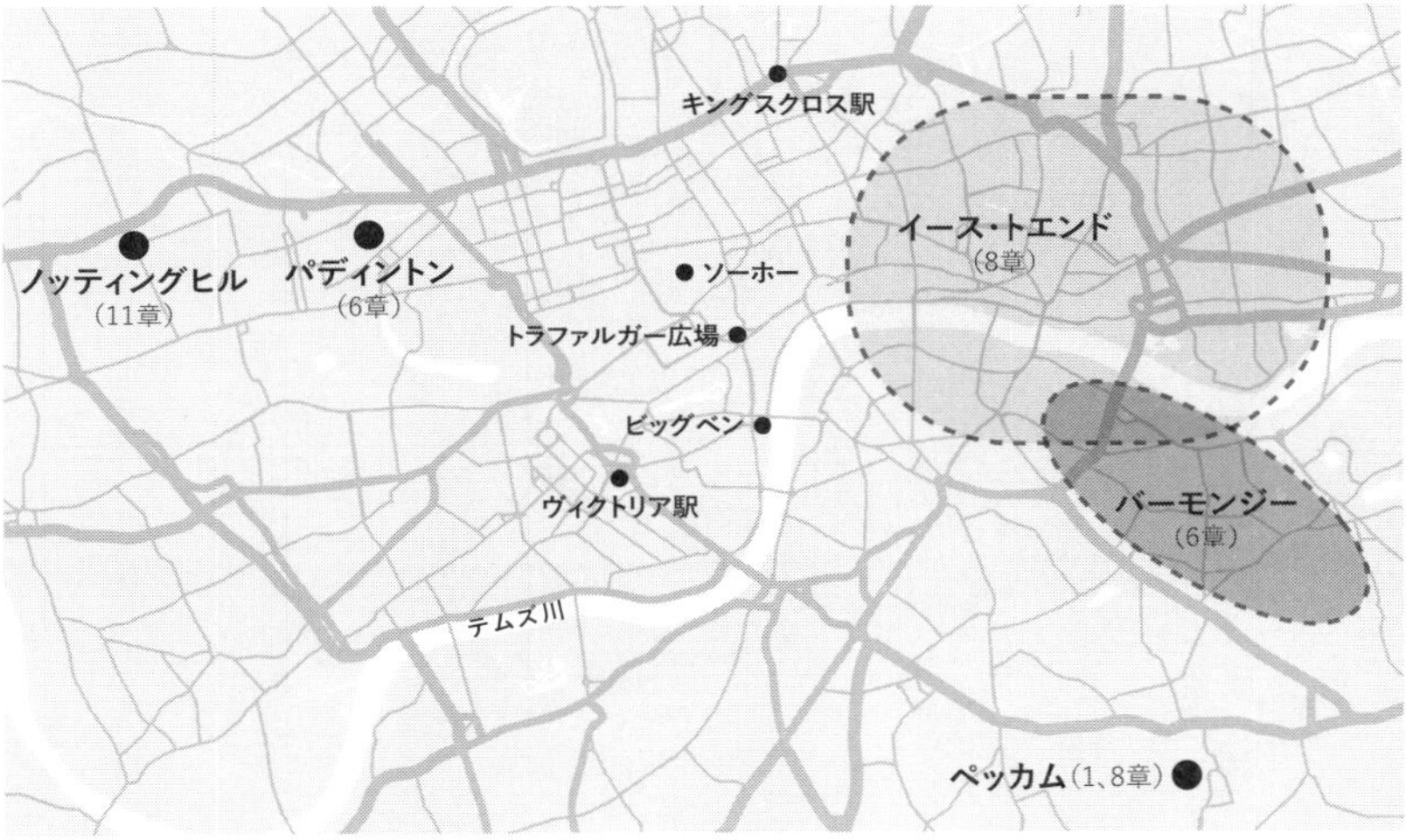

〈ロンドン市街図〉

〈パレスチナとイスラエル全図〉

1

ベイクドビーンズ

素朴であたたかいセーフティーネット料理

誰がベイクドビーンズを嫌いだって?!

目玉焼き、ベーコン、ソーセージ、炒めたマッシュルームやトマトなどからなるいわゆるイングリッシュブレックファスト（7章参照）には必ず添えてあるし、イギリスを旅してベッド&ブレックファストや朝食付きの大学寮やユースホステルに泊まると、必ずそれはそこにある。白インゲンをトマトソースで甘じょっぱくオーヴンで煮込んだベイクドビーンズ。それをトーストした薄い食パンにのせたビーンズオントースト。

「イギリスの飯は不味い」と判で押したように疑わず、またそういうことで自国の飯の方が美味いのだという「優越感」に浸りたがる品性のない連中にとっての恰好の食ネタが、このベイクドビーンズである。パニコス・パナイー『フィッシュ・アンド・チップスの歴史——英国の食と移民』（栢木清吾訳、創元社、二〇二〇年）の「訳者あとがき」に、一時期イギリスで暮らしていた人と話すと、事情をよく知らない人から決まって「食べ物が美味しくないと言いますから大変だったでしょう」と言われるという逸話が紹介されているが、こういうやり取りが半ば冗談交じりに、半ばかなり真剣に交わされるのは、日本に限ったことではない。結構グローバルに、そうなのだ。

イギリス料理は不味い。このほとんど病理学的にも聞こえる常套句を真に受けて、その

「不味さ」の理由まで辿ろうとする人間まで出てくるから始末が悪い。レーニン論で有名な(?!)白井聡は『武器としての「資本論」』(東洋経済新報社、二〇二〇年)の中で、昔はイギリスにも美味しい食文化があったが、一九世紀を通じて社会を根本的に変えてしまった産業革命によってそれは失われたと「推測」している。労働時間を中心としたライフサイクルが支配的になり、食は楽しむものではなくなり、味や嗜好はともかく腹がいっぱいになってまた労働できるなら何でもいいんだろ、という無味乾燥な状況を受け入れざるを得なくなったというのである。乱雑にまとめてしまったが、乱雑な議論は乱雑に扱われてしかるべきである。

こうやって因果関係を説明したつもりになって「イギリス料理は不味い」などと平気で口にするような御仁には、自らが惰性的に慣れ親しんでいる味覚の範囲内でしか「美味しさ」を味わえない感性の欠如と、美味しいものの情報を探索することのできない知性の退化をさらけ出してしまっているということにもっと自覚的になってもらいたい。

われらコモナーズ・キッチンは、何かが「美味い」とか「不味い」とか、そんなことを自明視しない。この世で一番美味いものを食わせろという将軍様の無理難題に対して、一休さんは将軍様に薪割り、風呂焚き、掃き掃除に雑巾がけをさせ、一杯の粥と沢庵漬を食べさせた。将軍様が「美味い美味い!」と喜んでペロッと平らげてしまったのは言うまでもない。食べ物とは、そういうもののはずだ。食べ物の「味」を通じて資本主義を批判的に語るのであれば、そのシステムの中で日々擦り潰されていく労働する身体が「味」なるものをどのように感得しているかについてもっと想像力を持て、ということでもある。

話をもとに戻そう。しかし、ベイクドビーンズが何らかの否定的なものの象徴として口の端に上ることは確かに少なくないし、そのあたりの事情はイギリス国内でもあまり変わらない。ただ、美味いとか不味いとか、そういう乱雑な話ではない。

たとえば、それは刑務所の粗末な食事の典型的なメニューとして描かれる。ジム・シェリダン監督の映画『父の祈りを』(一九九三年)に、爆弾テロを起こしたとして無実の罪で服役しているジェリー(ダニエル・デイ＝ルイス)が食事を受け取るシーンがある。食事当番の服役囚が彼の持つステンレスの皿に無造作によそるのが、刻んだソーセージの入ったベイクドビーンズなのだ。

ＩＲＡ(アイルランド共和軍)のシンパだという濡れ衣を着せられたジェリーの父ジュゼッペ(ピート・ポスルスウェイト)もまた同じ刑務所に服役しているのだが、彼は獄中で体調を崩し死んでしまう。警察と軍による誤認逮捕を隠蔽したまま容疑者が何年も服役させられた「ギルフォード・フォー」と呼ばれる冤罪事件にもとづいたこの映画は、イギリスによる北アイルランド統治問題の難しさと同時に、市民生活がいとも簡単に法の例外的行使によって破壊されてしまうことを物語る名作である。

父ジュゼッペが死に、エマ・トンプソン演じるピアース弁護士による世論への訴えが功を奏し、ジェリーは徐々に自分の無罪が認められるのではないかという確信を強めていくのだが、その変化の象徴的なシーンでまたもビーンズが登場する。

それまでは食事を受け取ったらコソコソと端っこの方で食べていたジェリーが、ビーンズののるトレイを両手で持ち、ゆっくりと、堂々と、刑務所の中の階段を降りて食堂にされている場所の真ん中の椅子に座るようになるのである。と考えると、刑務所の粗末な食事であるはずのビーンズが、猫背の痩せっぽちで自信なさげだった青年が父の死を乗り越え、自らの無罪を堂々と主張できるように成長していく過程に寄り添っている食べ物のようにも見えてくるから不思議だ。

生きづらさに寄り添う豆料理のぬくもり

また、ベイクドビーンズに代表される簡素な食事は、当然そのまま貧困を象徴するものとしても語られる。白いパンに煤でついた指紋の跡を見つけて、なんともやるせない気持ちに打ちひしがれたジョージ・オーウェルが辿った道を、その四八年後に辿り直したフェミニスト著作家のベアトリクス・キャンベルは、『ウィガン波止場再訪——八〇年代の貧困と政治』（Beatrix Campbell, *Wigan Pier Revisited: Poverty and Politics in the 80s*, Virago Press, 1984　未邦訳）なる書物を残している。

オーウェルがマンチェスター近郊の工業都市ウィガンに滞在したのは、一九三六年の二月のことだった。キャンベルはウィガンだけではなくコヴェントリー、シェフィールドなど、かつては機械工業や鉄鋼業で栄えたものの、「イギリス病」と言われた七〇年代の不況によって失業者が溢れるようになった都市を訪ね、人々の生活を記録した。彼女が見聞きした労働者階級家庭の食事情は、オーウェルの時代とそれほど変わらないものだった。少なくとも、そのように読めてしまう箇所がある。

コヴェントリーに住む、ともに失業中のあるカップルはこう言う。「料理するのは週末だけ。平日はビーンズオントーストで生きている」。貧しい労働者階級は普段ビーンズしか口にできない、というわけである。しかし、問題は金銭だけではなく、とにかく時間がないことなのだ。その点、缶を開けて温めてトーストにのせるだけなら、五分もあれば事足りる。忙しく貧しい労働者家庭ならばうってつけの食品、ということになる。

しかしキャンベルの本をもう少し注意深く読み進めると、途中から彼女の記述が女性の姿ばかりを追い、女性たちの言葉だけを引いていることに気がつく。それもそのはずだ。

キャンベルがビーンズについて何度も何度も言及しているのは「安全な場所」と題された章で、そこで彼女が訪れている場所の一つは、女性支援団体「ウィミンズ・エイド」が借り上げ、何らかの事情で住むところを失った女性たちに提供している簡易宿泊施設なのだ。たとえば、夫からの暴力などの理由で家庭を離れなければならない女性たちが、時には子どもと一緒に、そこで避難生活を送っている。

キャンベルが話を聞いた女性たち曰く、

「チップスとビーンズオントーストで生きている」

「またチップスやらビーンズやらトースト?!」

「食べるものと言えばトースト、お茶、ビーンズ、ロールパン、チップス」

「いい時ならスパゲッティミートソース、悪い時はビーンズオントーストかビスケット。何も食べられない日もある」

などなど。

ジャガイモ（チップス）、豆（ベイクドビーンズ）、小麦（パン）。この炭水化物のオンパレードは、確かに彼女たちが置かれている「貧しさ」を表してはいる。だが、別の読み方もできるのではないだろうか。つまり、なんとか生きてはいけるけれど、ビーンズ（やチップスやトースト）しか食べられないから本当にもう飽き飽き、という彼女たちの愚痴は、もちろん貧しいからビーンズ（やチップスやトースト）しか食べられないのだけれど、そのおかげで生きていられている、という安堵の言葉として読み替えられはしないだろうか。上記の言葉は、「安全な場所」に身を寄せ、餓死せずに済んでいるという安心感に裏打ちされた、そうは言ってもまあ、結局食べ物といえばビーンズ（やチップスやトースト）ばかりなんだけどね、という親しみのこもった皮肉の言葉ではないだろうか。

実際キャンベルは、彼女たちが置かれている貧しさや悲惨な境遇以外のところにも目を向けている。年間延べ二〇〇人の女性と四〇〇人の子どもたちが寝泊まりしていくこの施設は、「何人もの子どもたちがビーンズを食べこぼし、おねしょをし、お菓子を隠し持っている。過密な施設といえば、タバコの煙、トイレ臭さや病人臭がするのが常だが、ここは違う」、そして「活気があり掃除したての木の家具の匂いとラヴェンダーの香りで満ちている」。

この「掃除したての木の家具の匂いとラヴェンダーの香り」という記述から、やはり安堵感の方が先に立っているように思わされるのだ。言葉尻はネガティヴに聞こえても、いわゆる「ホッとできる食事（comfort food）」にありつける環境をビーンズが象徴していると考えることもできるのではないか。生きづらさを抱え、そこから一時的にではあれ逃れている女性たちの体を温め、胃を満たすビーンズ。悪くはない役割ではないか。

　同情の的になり、嫌みや皮肉の種になるけれど、実は命を持続させている食べ物としてのベイクドビーンズ。そのありがたさを実感したければ、秋から冬にかけて、イギリスでワンシーズン暮らしてみるといい。

　朝の日の出はめっきり遅くなり、夕はあっという間に日が落ちる。そもそも日中に太陽を拝めれば御の字。基本は雨、それも驟雨で、街は灰色。息は白くなり、路面は濡れている。お腹をすかせて、早く「ホッとできる食事」にありつきたいと願いながら家路を急ぐ。自宅にたどり着くやいなや、缶詰のベイクドビーンズの中身を鍋に移して火にかけ、紅茶を淹れ、トーストをこんがりと焼き、バターを塗り、そこに温まったビーンズをのせる。湯気が甘い香りを放ち、冷えた手をティーカップで温めながら熱々のビーンズオントーストを頬張る。甘みと塩味が絶妙にマッチして、豆のホクホク感が口いっぱいに広がる。

「不味い」わけがない。

缶詰工場の「匂い」に失われた時を求めて

骨付きポーク、タマネギ、豆にマスタードをたっぷり入れて煮込むアメリカ東海岸のポークビーンズや、ビーフのひき肉と豆を唐辛子風味で煮込んだ南西部のチリコンカーンなど、インゲン豆や大豆を煮たりベイクしたりする食べ物はさまざまなスタイルで存在する。おそらく八〇年代のことだったと思うが、タバコのマールボロのテレビCMでベイクドビーンズが映っていた。開拓期のアメリカ西部。旅の途中の男たちがテントを張って食事の支度をしている。コーヒーを淹れ、肉を焼き、焚き火にかけた鉄鍋にはたっぷりの豆が煮込まれている、そういうシーンを覚えている。美味しそうだった。

だが安く手早く食べられるという前提でビーンズを考えると、どうしてもターコイズブルーの缶に入ったハインツのベイクドビーンズを思い浮かべてしまう。缶の中身は基本、豆だけである。トマトソースというよりケチャップに近い甘さと酸味が際立つのは、そもそもアメリカの食品メーカーであるハインツが一九〇一年に缶詰を売り出したからだ。その販売権を得てイギリスに輸入したのは、いまや高級食品店として有名なあのフォートナム&メイソンだった。たちまち人気を博し、一九〇五年にはイギリスにも工場が建てられた。その場所は、南ロンドンのペッカム地区だった。

ロンドンのスーパーマーケットにて

二〇世紀初頭のペッカムは、テムズ川南岸の倉庫街や船舶関係で働く労働者の家族が多く住み、そのため社会改良主義者による実験的な住宅システムが導入されたりした、ロンドン郊外の一地域にすぎなかった。それが戦後の労働力不足を補う移民推進政策によってやってきたカリブ系の人々が集住するようになり、今では居住者の半分以上をカリブ系やアフリカ系住民が占めるようになっている。そんな現在のロンドンの地理的・地政学的感覚をもってすると、混乱する人もいるかもしれない。いつのまにか安い食べ物の代名詞となったベイクドビーンズが当初ピカデリーのあのきらびやかな店舗で売られていただけではなく、その生産拠点が現在カリブ系やアフリカ系の人々が多く住むあのペッカムにあったのだから。

二〇二四年現在でこそ、ジェントリフィケーションが進んで小洒落たカフェや整備された公園ができているが、二〇〇〇年代初めまでは「行ってはいけない（no go）」と言われた地域だった。特に北ロンドンの市民にとってはそうだった。ロンドン中心部から三八一番のバスに乗ると、その終点がペッカムだ。テムズ北岸のオルドウィッチから出発し、渋滞がなければ四〇分ぐらいで到着するこの街には、飲みすぎて酔っ払いバスの中で眠りこけて真夜中にたどり着いたことが何回かある。そして運転手に起こされ、そこがペッカムだとわかると途端に緊張する。そういう街だった。

しかし、カリブ地域の食品などを扱う安いマーケットがあり、家賃も安く、おまけにペッカム・ライズというプールのあるスポーツセンターもあって、使い勝手のいい街であることも確かである。だが、そのプールときたら、まあお世辞にも清潔とは言えず、水中メガネ越しにプールの底を見ると泥とも砂ともつかないものが溜まっていたり、泳いだあとにビールを飲んでいたパブの玄関先では喧嘩が絶えず、二〇〇〇年一一月には当時一〇歳のダミロラ・テイラー少年――ナイジェリア生まれで家族とともに移民して定住していた――が、図書館（プールに隣接している！）を出たあと何者かにナイフで刺殺されるという事件が起きた。まあそういう場所だったのだ。

移民、貧困、犯罪。考えようによっては、それだけ多様性が渦巻いている場所ということだ（だが、ジェントリフィケーションが飼いならし可能な多様性のみを生かしておくことに成功したならば、そこは張りぼての「多文化共生」の展示会場ともなりうる）。そんな街にかつて、イギリス料理のイメージの先頭に来るようなベイクドビーンズを作る工場があったという歴史の皮肉を想起するのは、なかなか面白い。そして本当の起源はアメリカにあるという、もう一つのアクセントを付け加えると、いかにもイギリスっぽい、食べ物の混沌とした歴史絵巻が描けるのではないだろうか。

第二次世界大戦中から戦後にかけて、さまざまな食品が配給制度の下に管理されていた時期にも、ベイクドビーンズの缶詰は、ベーコンやバター、卵や紅茶などとは違って、比較的自由に買うことができた。それもまたビーンズが安価で安全で栄養価の高い食品として、キッチンの常備品になることを後押ししたのだろう。そして戦後の一九五八年、ハインツは規模を拡大した工場をなんと、あのウィガンに建設するのだ。よくできた話ではないか。いや、できすぎである。

いまやベイクドビーンズ一缶には、成人男性が一日に必要とする野菜から摂取できるビタミンや繊維質の六分の五が含まれているとして、イギリス栄養士協会が設定したダイエット目標を達成する推薦食品になっている(他方で一缶に含まれる砂糖と塩分の量の多さに対して異論が出てもいる)。いいではないか、ベイクドビーンズ。もしオーウェルがウィガンを訪れたとき、すでにそこにハインツの工場があり、そこからベイクドビーンズの甘くほっこりした香りが漂っていたならば、彼の「労働者階級の臭い」に対する評価も、多少違ったものになっていたかもしれない。「臭い」が「匂い」に感じられるくらいには変化していたのではないだろうか。

ベイクドビーンズ

作り方

1 白インゲン豆をたっぷりの水につけて一晩おき、豆がしっかり戻ったら取り出す。

2 鍋にたっぷりの水と戻した豆を入れ、アクをとりながら1時間ほど中火でふつふつ煮る。

3 タマネギ、セロリなどの残り野菜を弱火で1時間ほど煮て、スープストックを作る。

4 ベーコンを小さく刻んでフライパンに入れ、弱火でカリッとするまで炒める。

5 **4**のフライパンにスープストックとベイリーフを入れて、弱火で10分煮る。

6 豆とホールトマトを加えて30分ほど弱火で煮込み、塩、砂糖、マスタードパウダーを加えて味をととのえる。

材料（4人分）

白インゲン豆…300g（乾燥150g）
＊白インゲン豆は大豆の缶詰で代用できます
ベーコン…100g
ベイリーフ…3枚
ホールトマト（缶詰）…400g
野菜のスープストック…300ml
塩…小さじ1/2
きび砂糖…20g
マスタードパウダー…小さじ1

＊トーストしたパンの上にたっぷりのベイクドビーンズをのせて食べるビーンズ・オン・トーストが定番。ジャガイモにオリーブオイルを塗って、オーヴンでまるごと焼いたジャケットポテトにかけてもおいしい。

2

フィッシュ&チップス

コロモさっくり臭みなし、それでもしつこい階級の味

イギリス料理の定番？

マダラやコダラ、オヒョウ、カレイ、シタビラメといった北の海で捕れる白身の魚に衣を付けて油で揚げ、太めの拍子切りにしたジャガイモをこれまたラードで揚げ、塩とモルトヴィネガーをたっぷりかけて、できれば手で食す。少しいい店で注文すれば、つぶしたグリーンピース（マッシーピー）やタルタルソースが横に添えられていることも多い。

「フィッシュ」の衣には、薄力粉にベーキングパウダーやコーンスターチを加えたものが使われる。日本ではしばしば「魚フライ」と訳されるが、英語の'fry'が「熱した油で調理する」程度の意味しかないのに対して、カタカナ語としての「フライ」が食材に小麦粉、卵、パン粉を付けて揚げる料理（法）を指す言葉として定着しているという厄介な事情があるため、「フライ」というとあらぬ誤解が生まれてしまう。実際日本のパブで注文すると、のり弁当に入っている白身魚のフライと大差のない代物が運ばれてきたりする。衣にパン粉を使わないのだから、どちらかといえば天ぷらやフリットに近い。また「チップス」がチップスであるためには一・五センチ程度の太さが欲しいところであるが、これも日本ではなかなかお目にかかれない。アメリカ英語で「フレンチフライ」と呼ばれるひょろ長いイモが、何食わぬ顔で皿に堂々と陣取っていたりする。

いずれにせよ、魚もジャガイモも最終的には油にドボンと投入するわけだから、いい油を使い、揚げたてを頬張らないとギトギトのベタベタの食べ物になってしまう。が、当然そうした問題を克服するために、油切れをよくし、冷めてもそれなりに美味しく食べられるように、職人たちはさまざまな工夫を凝らす。兎にも角にも、冷凍ものではない新鮮な魚を使うことが肝心である。衣タネにはビールを入れてふっくらさと軽さを出す、ジャガイモにはキングエドワードやラセットバーバンクなどでんぷん質の高い品種を選び、切ったあと水につけて十分に水分を吸わせる、低温と高温で二度揚げする、など。すべてうまくはまれば、黄金色に輝く、カリッ、ホクッ、ふわっとしたフィッシュ＆チップスが出来上がる。

称えられるにせよ、けなされるにせよ、「イギリス料理」を代表する一品として話題にされることの多いフィッシュ＆チップスであるが、イギリスの歴史家パニコス・パナイーの『フィッシュ・アンド・チップスの歴史――英国の食と移民』を読めば、その料理にはたった一〇〇年かそこらの歴史しかないこと、そしてそれが「イギリス料理」を代表するものになったのは、驚くほど最近のことであることがわかる。

パナイーによれば、それまで別々に提供されていた「フィッシュ」と「チップス」が一つの皿に盛られて売られるようになったのは一九世紀後半であるという。元をたどれば、魚を衣揚げにするという食文化はユダヤ人によって、ジャガイモを拍子切りにして揚げるという調理法は（おそらく）フランスからの移民によって、イギリス諸島に持ち込まれた。フィッシュ&チップスを売る店の多くも、当初はユダヤ人、戦後になってからはイタリア、キプロス、ギリシャ、中国などからの移民たちが経営していたそうだ。

その誕生から第二次世界大戦直後ぐらいまで、フィッシュ&チップスは、下町に住む貧しい労働者階級の人たちが食べる、安くて手軽で、高カロリーゆえに腹持ちはいいが、臭いがきつく、不衛生な食べ物とされていた。「されていた」と言ったのは、実際フィッシュ&チップスでお腹を満たしていた人たちはそんなふうに考えちゃいなかったからだ。バラの咲き誇る庭園で、ウェッジウッドのポットで淹れた紅茶を優雅にたしなむような人たちが（というのはイメージであるが）、そう考えたということであって、そうした紳士淑女の方々にしてみれば鼻をつまみ、目を背けたくなるような代物だったわけだ。自分たちとは異なる暮らしぶりをしている人たち、異なる価値観や信仰を持つ人たち。階級蔑視、宗

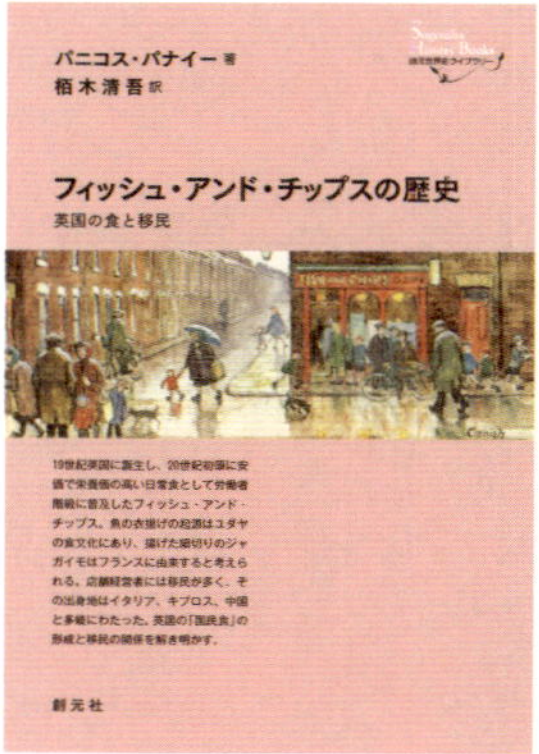

パニコス・パナイー『フィッシュ・アンド・チップスの歴史』栢木清吾訳、創元社、2020年

教的偏見、民族差別、と熟語にすればおどろおどろしいけれど、フィッシュ&チップスはそうした人間の闇を映し出す料理でもあった。

それが今では、高級デパートで英国フェアが催される際には必ずといっていいほど、それもスコーン、ショートブレッド、マーマレード、ウェッジウッドの紅茶（!）と並べて出品される「イギリスらしい」食べ物になっている。なんだかラーメンの物語を聞いているようだと思った人もいるかもしれない。中国からもたらされ、手っ取り早く腹を満たせるストリートフードとして主に都市の労働者や貧乏学生の間で普及したその麺料理も、いつのまにかJapanese Ramenとして世界中で愛されるようになっている。飯は世に連れ、世は飯に連れ、である。

フィッシュ&チップスと灰色の風景

今やすっかりイギリスの「国民食」の地位を確立したフィッシュ&チップス。アニメ『きかんしゃトーマス』では、ノースウェスタン鉄道重役のサー・トップハム・ハットが機関士たちと一緒にそれに舌鼓を打ち、ガイ・リッチー版『シャーロック・ホームズ』（二〇〇九年）のホームズ（ロバート・ダウニー・Jr.）は、サー・アーサー・コナン・ドイルの原作には一度も登場したことのないそれを「いつもの店」で買う。だが、この「国民食化」によって、フィッシュ&チップスの階級的意味が失われたのかと言えば、決してそんなことはない。またいつも食欲をそそるような描かれ方をされるわけでもない。

たとえば、長くイギリスで執筆活動を行ったドイツ人作家W・G・ゼーバルトの『土星の環』に出てくるフィッシュ&チップスはこんな具合だ。

そのパン粉の衣たるや鎧そのもので、あちらこちらが焼け焦げ、フォークを刺すと先がひん曲がる始末だった。そしてさんざんに苦労を重ねて中身にたどり着いてみたところが、わかったのは結局、この代物がかちかちの殻だけであったこと。一戦交えたあとの私の皿は、見るも無惨な眺めとなった。タルタルソースはプラスチックの小袋から絞りださなければならず、灰色のパン屑とあわさってどす黒い色を呈し、魚、であるはずのものは、濃緑色のグリンピースと脂ぎったチップスの間で見るもぐしゃぐしゃになっていた。

(『土星の環　イギリス行脚』鈴木仁子訳、白水社、二〇〇七年、四七頁)

鎧そのもの、かちかち、無残な眺め、どす黒い色、ぐしゃぐしゃ。このように語り部の

「私」は、まるで解剖調査のレポートのように、イーストアングリアの徒歩旅行の道中で立ち寄ったロウストフトの「ホテル・ヴィクトリア」の食堂で提供されたフィッシュ＆チップスの出来の悪さを、およそ一ページかけて丹念に描写していく。だが面白いことに彼は、その「何年このかた冷凍庫の底に埋もれていた」ような魚の「味」については一言も言及しない。

それよりも彼の関心の先にあるのは、人気のないすさんだホテルの状況や、おびえた顔つきをした若い女性が受付から調理までそこの業務を一人で切り盛りしている様子に見て取れるロウストフトの凋落ぶりである。かつてイギリス最大級の漁港として栄え、また二〇世紀初頭にはロンドンの上流階級やヨーロッパ中の観光客が海水浴を楽しむ高級保養地としてにぎわった街には、一九九〇年代初頭、破産者と失業者が溢れ返り、急激な勢いで識字率が下がっている。テーブルの上のフィッシュ＆チップスはそんなロウストフトの「今」を示す風景の一部なのだ。

フィッシュ＆チップスがイギリスの灰色で陰鬱な風景に見事にマッチした料理であるということを示す事例をもう一つ紹介したい。巨匠ケン・ローチ監督の傑作映画『ケス』（一九六九年）である。南ヨークシャーの炭鉱街に住むビリー・カスパー少年と、労働者階級の閉塞した暮らしの中に埋もれている彼の家族、彼の孤独を癒やしてくれる唯一の友であるハヤブサの「ケス」の物語だ。悲劇的な結末に向けて物語が転がっていく重要なシーンで、フィッシュ&チップスが登場する。

ある日ビリーは、競馬にしか興味を持てない父親違いの兄ジャドに金を握らされ、彼の代わりに賭け屋に行かされる羽目になる。しかし店の常連からその馬は勝てないと聞いたビリーは、馬券を買わずに、その金でフィッシュ&チップスを買う（ケスに与える肉も買うつもりだったが、肉屋はくず肉をタダでくれた）。賭けたつもりの馬がレースに勝ったのに配当金をもらえないことを知ったジャドは激昂し、腹いせにケスを殺してしまうのだ。

期せずして手元に残った金を何に使おうかと考えたとき、ビリーはフィッシュ&チップスを選んだ。いや、選ぶしかなかった。六〇年代初頭のヨークシャーで、手軽に腹を満たせる食べ物が買える店といえば、フィッシュ&チップスの店ぐらいしかなかったからだ。そのフィッシュ&チップスが美味しかったのか不味かったのか、それはもはやどうでもいい。

そもそも食べ物の味というものは、素材の状態、調理人の技量、食事環境、食べる人間の体調や心情、そもそもの「好み」などによって、いくらでも変わりうる。それだけ複雑な条件が重なって判断されるものであるはずなのに、やれ「イギリス」料理は不味い、やれ「日本」料理は美味いなどと、国民や国家の名という余計な形容詞に引きずられて十把一絡げに味を云々するのは、文字通り蒙昧な態度と言えよう。米だって保存の仕方や炊き方を間違えれば不味い。ついでに言えば、「味」は食べ物の良し悪しが判断される際の基準の一つでしかない。価格や入手のしやすさ、調理や食事にかけられる時間、使用できる道具や設備、後片付けの簡単さなどを加味して、人は何を作り、何を食べるのかを選択する。味のみに集中できるのは、準備や後処理を他人にまかせ、上げ膳据え膳で食事を取ることができる（と考えている）者たちの特権なのだ。

二つの国民

フィッシュ＆チップスが売られ、食べられるようになった一九世紀後半、いわゆるヴィクトリア朝時代は、イギリスが世界帝国として地球の三分の二を支配下に置いて偉そうにしていた頃である。国内でその傲慢な世界征服を背後で支えていたのは、帝国の経営のために実直に働く官僚や大企業人や、高度な技術を備えた熟練工の家庭を守る貞淑な主婦たち、劣悪な環境で働かされ使い捨てにされる労働者たちだった。

階級間格差が広がった時代でもあった。メイドや使用人がいる屋敷に住む階級は言うにおよばず、都市の中流以上で、家庭に留まり手間暇をかけて料理を用意する「専業主婦」

がいる階級と、共働きでないと生きてはいけない階級との格差がどんどん大きくなっていった。持ち帰りできる出来合い料理は、そういう共働きの労働者家庭にとって大いに好まれた。フィッシュ&チップスはそこにドハマリしたわけだ。

都市のそれほど余裕のないホワイトカラーの家庭でも事情はあまり変わらない。仕事帰りに家族の分を買って帰れば、あとは紅茶を淹れるだけで夕食になるのだから、重宝されないわけがない。おまけにアイルランド系のカトリック教徒が多かった労働者階級と、ローマ教会から離脱したとはいえ多分にカトリック的な慣習を残しているイギリス国教会（アングリカンチャーチ）教徒の間には、肉類が禁じられた金曜日に魚を食べる「フィッシュサパー」という習慣が残っていた。その習慣は、「土用の鰻」と同じで、「金曜日は魚の日！」という現在のフィッシュ&チップス業界の広告戦略に受け継がれている。

それはともかく、持ち帰りのフィッシュ&チップスを囲む家族の食事がどういうものだったか、ある子ども向けの本にこんなシーンが描かれている。

ブルームさんと、フィッシュ・アンド・チップスが家に帰りつくと、あたたかい歓迎《かんげい》が待っていました。いちばん上の女の子が戸をあけ、二番目がバッグを受けとり、男の子がお帰りといって階段《かいだん》をかけおりてきて、だんなさんはやかんを火にかけました。

ネコでさえ、ブルームさんの足に体をすりつけました。

（ジャネット&アラン・アルバーグ『だれも欲しがらなかったテディベア』井辻朱美訳、講談社、一九九三年、二五頁）

物語の舞台は一九三〇年代。ブルーム家では両親ともに働いていて、工場勤務の母親が仕事帰りによくフィッシュ&チップスを買ってくる。それは、家族に大歓迎される食べ物。みんな大好きフィッシュ&チップス。週に一度のごちそうなのだろうし、出来合いのお持ち帰りが醸し出す特別感もあるだろう。子どもたちは大はしゃぎである。夫はすぐにお湯を沸かす。紅茶を淹れて「フィッシュティー」のサパー（軽めの夕食）である。不味いだの不潔だの臭いだの、ブルーム家の子どもたちの前で言えますか？　言えますまい。不味くも、不潔でも、臭くもないのだから。

冷蔵庫もなく氷すら貴重だった時代に生魚を扱うのだから、臭いがしたり蝿が飛んだりする店もあっただろう。それでもできるだけ清潔に、新鮮で、美味しく調理した店もあったはずだ。圧倒的に労働者階級の食べ物だったのだろう。でも、王族だって貴族だって、公爵だって伯爵だって、絶対どこかでなにかの折に、たとえばお忍びでアヘンを吸いに行ったりした折に（!）、食べていたこともあったはずだ。

しかし、フィッシュ&チップスが「一つの国家に二つの国民がいる」と言われた一九世紀のイギリスで、二つの階級を横断して愛されることはなかった。少なくともその料理のイメージや、小説、ドラマ、映画などでの描かれ方を見るかぎり、そういうことはなかったと言っていいだろう。

フィッシュ&チップスを嫌う人々があげつらう理由はもはやまったく真実ではないが、他方で料理の親しみやすさを売り物にするために、フィッシュ&チップスは労働者の料理だ！ というイメージを労働者階級側が専有したがってきたという事情も、あながち無視できない。ここがイギリス階級社会のややこしいところでもあり、魅力的なところでもあり、いくら素晴らしい料理でも人々の階級意識を越えたり、崩したり、そこに穴を開けたりするのがとても難しいということを痛感させられるところである。

フィッシュ&チップスを食べる存在が先か、それとも食べて美味しいとか不味いとか感じて表現しようとする意識が先なのか。意識が先ならば、労働者階級は美味いと感じて上流階級は不味いとか不潔とか言うんでしょ、だからそこに妥協できない線ができて階級の分断がまた維持されるんでしょ、という考え方が一方でありうる。

他方、存在が先だと考えた場合も、そういう存在として生きちゃっている以上、労働者階級ならばフィッシュ&チップスを食べる機会もたくさんあるけど、上流階級はまず食べようともしないんだから、そのよさがわかるはずもない、ということになり、また階級分断は維持される。いずれにせよ、デッドロックなのだ。そしてこのデッドロックをまるで互いが楽しむように、「わたしたちとやつら」という互いに排除し合うような感情の溝を表現する料理として、フィッシュ&チップスは随分と都合よく使われて来たのだとも言える。

フィッシュ&チップスにしか作れない縁

フィッシュ&チップスが階級の溝や壁を埋めたり消したりすることはないのだとしても、実は溝や壁があり、その溝や壁のせいでお互いを知らないで済ますことができていたり、本当はお互いを知ろうという気持ちがあるのにそれを無理やり抑えながら、知らなくてもいいんだと世界を閉じてしまっていたりするんだ、という気づきをもたらしてくれることはある。

浦沢直樹／勝鹿北星／長崎尚志の『MASTERキートン』に「靴とバイオリン」という話がある。ミュージシャンの夢を諦めきれずにロンドンの路上でバイオリンを弾くシューズメーカーの社長レイモンドと、街でスリを働くビッキーという少女が、一緒にフィッシュ&チップスを美味しそうに食べるのだ。

食後、なぜスリなんてしてるのかと聞かれたビッキーは、「十分お金があるのにまだ儲けること考えてる」金持ちへの嫌悪を語り、「なのに貧しい人はいくら働いても貧しいまま」とイギリスの階級社会の不公平と、レイモンドがどっぷり漬かってきた資本主義の根源的な悪循環を問う。そして自分は「お金持ちしか狙わない」と富の再分配に貢献するスリという「稼業」への矜持を誇り、信じられるのは「相棒」のランニングシューズだけだと語る。

まったく異なる階級の二人が出会い、はっきりと自分の階級的立場を明らかにしたビッキーに対し、果たしてレイモンドは……。その結末がどうあれ、そもそもはフィッシュ&チップスを一緒に食べ、「コロモはさっくり、中身はぜんぜん臭みがない」美味しさを認め合えたからこそビッキーは正直に自分の心を打ち明けたのだ。こんな話はスコーンでは描けはしない。ローストビーフでは成立しない。「十分お金があるのにまだ儲けることを考えてる」人々と「いくら働いても貧しいまま」の人々が何かを共有できそうなきっかけを作ることは、美味いフィッシュ&チップスにしかできないのである。

と、これでは結局階級分断をどうするのかは曖昧なままのただの「いい話」にしかならないのではないか、といぶかしがる読者もいるかもしれない。ところが、そう簡単に話を

浦沢直樹／勝鹿北星／長崎尚志『MASTERキートン完全版』第8集
（小学館、2021年、上・294ページ、下・295ページ）

終わらせないための仕掛けがこのエピソードには隠されていた。ビッキーとレイモンドがフィッシュ&チップスを買ったキッチンカーにはThe ROCK and SOLE（根魚とヒラメ）と記されている。音楽のRock and Soul Place（ロックとソウルの場所）の語呂合わせだと考える人もいるかもしれないが、そうだとしても、実はそもそもの語呂合わせをもっと早くから店名にしている店があるのだ。ロンドンのコヴェント・ガーデンにあるThe Rock & Sole Plaice（根魚、ヒラメ、オヒョウ）。とても有名な、市内では最古と言われるフィッシュ&チップスのレストランが実在するのである。

同店現オーナーのアリ・ヴィエディン氏のインタビューによれば、創業者は東欧系ユダヤ人、その後イタリア人のオーナーを経てイギリス人の手にわたり、一九七九年にキプロス人のイスメット・ヴィエディンが店を買い、以降このファミリーがずっと経営しているという。[注1]『キートン』ではキッチンカーの店員の姿は描かれていない。今食べているものを誰が作り誰が売っているのか。それが描かれていないということは、ビッキーに出会う前の、階級の壁の存在に気づかないままでいたレイモンドの社会を見るまなざしの、比喩的な、そしてかつ批判的な描き方だと読み取ることもできるかもしれない。

コヴェント・ガーデンのThe Rock & Sole Plaiceはキプロス移民の家族が営んでいる。だとしたら、ビッキーとレイモンドが食べたThe Rock and Soleでフィッシュ&チップスを売っていた店員もキプロス系かもしれない。そして、冒頭で紹介した『フィッシュ・アンド・チップスの歴史』の著者であるパナイーも、なんのご縁かキプロス系である。亡命ユダヤ人たちが売り始め、大英帝国の植民地だったキプロスからの移民たちが継承している「イギリス料理」。移民たちは階級社会イギリスのどこに、どのように、何者として住まうのか。私たちはこのような絶妙な混じり合いを舌でしっかりと味わえているのか、それともさっきまで美味しく胃袋に収まっていたフィッシュ＆チップスの油が少しだけ重たく感じられてくるか。いずれにせよ読者の皆さん、まずはガブッとかぶりついてみてください。

注1　"My family run London's oldest fish and chip shop and we've served everyone from a US President to celebrities", 19 November 2021. MyLondon, https://www.mylondon.news/news/zone-1-news/my-family-run-londons-oldest-22151243

フィッシュ&チップス

フィッシュ&チップスを美味しく作るヒント

「ジャガイモの下ごしらえ」と「揚げ油の温度」、魚もジャガイモも両方「揚げたて」を食べられるよう手順を組み立てる、この3点を押さえることが重要です。シンプルな揚げ物料理だからこそ、調理の手順が大事。

❶ジャガイモの1度目のフライまでを済ませる。
❷フライドフィッシュの「衣」を用意する。
❸マッシーピーを作る。
❹ジャガイモの2度目のフライ。
❺続いて、魚の切り身に衣を付けて揚げる。
❻揚げたてのフィッシュとチップスとマッシーピー、レモンを皿に盛りつけ、モルト・ヴィネガーの瓶とともにテーブルへ。

フライドフィッシュの材料(2人分)

タラ(またはその他白身魚)…2切れ

A
- 薄力粉…80g
- コーンスターチ…20g
- ベーキングパウダー…小さじ1

塩…小さじ1/2
黒ビール…160ml
薄力粉…適量(まぶし用)
揚げ油…適量
レモン…1/2個
モルトヴィネガー…適量

チップスの材料

ジャガイモ(メイクイーンやトウヤなど、ホクホクと仕上がる品種がよい)…大3個
塩(粗い自然塩がよい)…10g
揚げ油…適量

マッシーピーの材料

実エンドウ(グリーンピース)…150g
ミントの葉…5g程度
バター…15g
塩…適量
黒胡椒…適量

フライドフィッシュを作る

1 Aの材料をボウルにふるい入れ、塩と黒ビールを加えてよく混ぜてから、冷蔵庫で1時間ほど、生地がしっとりなじむよう寝かせる。

2 タラは皮を取り、8×15cmぐらいの切身にする(ムニエル用の大きいサイズでもよい)。

3 切身に薄力粉をまぶし、**1**の衣にくぐらせ、180℃の油で5〜6分ほど、表面がカリッとするまで揚げる。

4 油を切ってから大きめの皿に盛り、くし切りにしたレモンを添える。

チップスを作る

1 ジャガイモの皮をむき、1.5cm角の棒状にカットする。10分ほど流水にさらして表面のでんぷんを取り除く。

2 鍋に水1L、塩10gを入れて沸かし、**1**のジャガイモを8〜10分ほど、竹串が通るくらいまで茹でる。茹で上がったら、網付のバットに並べて表面を乾燥させる。

3 揚げ油を120℃に熱して、**2**のジャガイモを10分ほど揚げ、油を切ってバットに取り出し表面を乾燥させる(粗熱をとってからバットごと冷蔵庫に入れると早い、またこの状態で冷凍可)。

4 揚げ油の温度を180℃に上げ、**3**のジャガイモを入れてカリッと揚げる。バットに取り、全体に塩をふる。

＊チップスは下茹でしたうえで低温・高温の2度揚げをします。こうすることで、中はふっくらとして、外側はカリッとした食感になります。

マッシーピーを作る

1 たっぷりの湯で実エンドウをフォークでつぶせるぐらいまで茹でる。湯を切り、ボウルに入れる。

2 ミントの葉をみじん切りにする。

3 バター、塩、黒胡椒を実エンドウのボウルに入れ、フォークの背やマッシャーもしくはミキサーでマッシュする。つぶし具合はお好みで。盛りつけるときに**2**のミントを散らしてできあがり。

3

バンガーズ＆マッシュ

飛び散る肉汁の中毒性

ソーセージと自由

やつらにソーセージは奪えても、我々の自由までは奪えない！
（They may take away our sausages, but they will never take away our freedom!）

メル・ギブソン主演の映画『ブレイブハート』（一九九五年）の有名なセリフだ。スコットランドの英雄ウィリアム・ウォレスを描いたこの大河映画。イングランドとの決戦に臨む前に味方を鼓舞するために吐かれたセリフだが、スコットランド軍がイングランド軍を破ったこのスターリング・ブリッジの戦いが一二九七年なので、遅くとも一三世紀の終わりまでにはソーセージが食べられていたことになる。

いや、これはあくまでも創作であり、そもそも一三世紀末のスコットランド人が「自由（freedom）」という言葉を一般的に使っていたかどうかさえ怪しいのだから、どうかなぁという御仁もいるだろう。しかしともかく重要なのは、ソーセージが自由に対比されて、大切なものとは反対の、取るに足らない、奪われてもまあ仕方ないな、ぐらいのものだという見解がこのセリフに現れているということだ。だがこれは少し失礼ではないか、ソーセージに対して。

湯気の立つ熱々のソーセージ（「ソセジ」と詰めて発音する方がイギリスっぽい）。他の国では「イギリスのと完全に同類のソーセージにもお目にかかれない」（「イギリス料理の弁護」『一杯のおいしい紅茶』小野寺健編訳、中公文庫、二〇二〇年、二〇頁）と、ジョージ・オーウェルが鼻高々に褒め上げたソーセージ。イングリッシュブレックファストや、ヨークシャープディングのような生地にソーセージを並べてベイクするトード・インザホールや、ホットドッグも含めて、本当に、イギリスでは人によっては毎日のように食べるソーセージ。

そのソーセージがマッシュドポテトの上にのっていて、牛の肉汁かビーフストックにポテトスターチか小麦粉でとろみを付けたものでタマネギを煮込んだグレービーソースがかかっている。寒くどんよりジメジメしたイギリスの冬。蒸し暑く鬱陶しい日本の梅雨。どちらにしても、ガツンとヴォリュームのあるこの一皿は、いわゆる「ホッと」すると同時に元気の出る食べ物である。保存料たっぷりの加工肉だからどうたらこうたらとか、いろいろあるにしても、空腹を満たし、心を穏やかにし、パワーを与えてくれることは間違いない。

なんだ、ただソーセージを焼いたやつをマッシュドポテトにのっけただけじゃないかと言われれば、そうである。しかし、おそらくそれはイギリスのソーセージを、その独特の触感と食感と風味を知らない者の、視覚だけに頼った短絡的な見解だ。

1＋1＝3

バンガーズである。わざわざソーセージを「破裂(bang)するもの」と呼び替えるのには、理由がある。日本で普通に食されているソーセージの類いは、同じポークソーセージでもドイツ風の、噛み切ろうとすると「パリッ」と音がするものもあるくらい皮がしっかりしていて中身の詰まったものだろう。それでは皮がはじける程度で、「破裂(bang)」はしない。これは、肉の量が足りず穀物やパン粉、水分で中身をかさ増ししたソーセージが出回った第一次世界大戦中、焼いているうちに皮がはじけ、中身が勢いよく飛び出したことに由来する名称だという。要は、ぐじゅぐじゅで柔らかい、水っぽく肉々しさに欠けるソーセージなのだ。

この水っぽさのもう一つの理由は、ソーセージが「生」だからである。イタリアや南仏のようなドライソーセージを作ることのできるところとは違い、吊るして乾燥させるには年間を通して天気も悪く気温も低く湿度も高すぎるので、「生」を加熱調理してから食べるのが一般的になったという。こういう説には抜け穴が必ずあって、では似たような気候の北ドイツではパリパリのソーセージが食べられているじゃないかとか、キッパー（燻製ニシン）やスモークドハドック（コダラ）、スモークドサーモンなどを作っているんだから燻製技術も施設もあるのに、なんでソーセージは「生」のままなんだ、といった反証例には事欠かないが、そこには「プディング」という料理が先に出来上がっていたからだという補足説明を当てておこう。

牛、羊、豚の腸や胃袋に肉や臓物、スパイス、穀物を詰めてお湯で煮たり蒸したりして食べるプディングは、塩辛いものから甘いものまでイギリス諸島独特の調理法によるものだ。くず肉や内臓などそれ単体としては食べにくい部位でも、混ぜ合わせ詰めることで立派な食事になるプディングとその一種でもあるソーセージは、とても効率よく栄養価も高い食べ物だったから、養豚業の組織化が早くから盛んになったオクスフォード、ケンブリッジ、リンカーンなどで生産されるようになった。スーパーの棚でもいまだに「リンカーンシャーポークソーセージ」が多くを占めている。

「生」だから時間が経つとどうしても水分が出てしまうし、たとえばカンバーランドソーセージと呼ばれるには内容物の八〇%以上が肉であればよいという規則があるように、イギリスで作られている大抵のソーセージはそもそもしっかりとした肉の含有量が少ないので、焼くと破裂しやすくなるというわけだ。現代では二五%しか肉が入っておらず、残りは水、豚の脂身、ポテトスターチ、大豆プロテイン、種々の保存料で「水増し」しているソーセージ（と言えるのか？）もあるという。[注1] ここまでではなかっただろうが、オーウェルが他では「お目にかかれない」とイギリスのソーセージを自慢したエッセイは一九四五年に書かれているので、彼の口に入ったのも今われわれが口にできるのと大差ないソーセージだったはずである。

　乾燥も燻製もせず「生」であるイギリスのソーセージは、「生」であるがゆえの汎用性に富んでいる。他の用途に使うために「生」のままにしているのではないかと思うくらいだ。まず、腸や胃の皮に詰める内容物はソーセージミートとして、詰められずに売っている。肉屋でもスーパーでも売っているこれを、クリスマスには七面鳥や鶏の腹に詰めて用いる。わざわざ自分で作らなくても、あらかじめスパイスやハーブと肉と脂とがちょうどいい具合に混ざって用意されているのだ。また、街のパン屋で売っているソーセージロール。マーガリンをたっぷり練り込んだペイストリーには、皮のない棒状に形成されたソーセージミートが入っている。日本で売られている魚肉ソーセージに似ている食感のものも多い。

　皮が破れてグチャッと中身が出てくれば、そこはマッシュドポテトのベッドがそれを受け止めるようにできている。肉汁を吸い込んだマッシュは、また別の食べ物となる。ソーセージとマッシュドポテトと、ソーセージの中身のジュースを吸い込んだマッシュドポテト。要は、マッシュなのだ。ジャガイモの種類は、イギリスならルセット種、日本でなら男爵など、粉質度が高くなめらかにマッシュされるものが適切だ。グレービーソースとソーセージの油が染み込んだなめらかなポテト。たとえばウナギの蒲焼きとご飯。ウナギの脂がタレと渾然一体となりそれが染み込んだご飯は、ウナギでもご飯でもない、「ウナギのタレご飯」という別の食べ物になるのと一緒だ。１＋１が２ではなく、一つの皿の上で３になる料理。それがバンガーズ＆マッシュなのだ。

動物性たんぱく質と脂と炭水化物の一体感。一三世紀のスコットランドならずとも、庶民（the commoner）の食卓に並ぶありふれた食べ物であることに変わりはない。バンガーズ＆マッシュは、ベイクドビーンズやフィッシュ＆チップス同様、労働者階級の食生活に色濃く結び付けられてきた。廉価、野卑、茶色。それはこの本書でも折に触れて書いているように、郷愁を誘うノスタルジックな下町の味を示す特徴でもある。

毒を食らわば……

アメリカのＴＶドラマ『ピンク・パンサー』でクルーゾー警部を演じたピーター・セ

ラーズが、あのソフィア・ローレンとのデュエットで発表した「バンガーズ&マッシュ」（一九六〇年）という曲がある。[注2] この歌では、第二次世界大戦に従軍しイタリアのナポリで出会った女性と結婚してイギリスに戻った元兵士の男が、「おいら一九四四年以来まともなもんを食ってねぇ」とぼやく。原文の歌詞では、'I 'aven't 'ad a decent meal since Nineteen-Forty-Four!'。コックニー（ロンドン東部、イースト・エンドの労働者階級のアクセント）である。妻は、ミネストローネやマカロニやタリアテッレを食べなさいよと言うのだが、この男は妻に向かってこう言い返すのだ。

母ちゃんが作ってくれたようなバンガーズ&マッシュを出してくれ！
(Give us a bash at the bangers and mash me muvver used to make!)

見事なコックニーである。muvverはmotherのコックニー用法。「おふくろの味」を懐かしむマザコン男のぼやきが、〈女＝イタリアン＝洗練〉と〈男＝コックニー＝野卑〉の見事なコントラストを際立たせている。しかしこれでは、バンガーズ&マッシュの面目が立たないのが実情だ。きっとこのイタリア人妻はバンガーズ&マッシュを作ってはくれないのだし、よしんば作ってくれたとしてもこのマザコン男は「やっぱ母ちゃんのの方が美味いや」とでも言うのが関の山だろうから。自分じゃ作れもしないのに。

バンガーズ＆マッシュという食べ物自体にもっと力があるはずだ。しつこいようだが動物性たんぱく質と脂と炭水化物が渾然一体となって、それも廉価で腹に収まるのだから。イギリスのオルタナティヴロックのバンドであるレディオヘッドが二〇〇七年にリリースしたアルバム『In Rainbows』のボーナストラックに「バンガーズ＋マッシュ」という曲がある。ここでのバンガーズ＆マッシュはその魔術的な力をいかんなく発揮する食べ物として歌われている。

ヴォーカルのトム・ヨークがツインドラムスの一翼を担いながら、「毒を食らうともっと欲しくなる（I got the poison, and I want more）」と歌うその毒の出処が「バンガーズ＋マッシュ」なのだ。安く美味しくいつでも食べられるそいつを喜んで食べ続けているうちは、「警察署長や財務大臣や貴族や

「バンガーズ＆マッシュ」
レコードジャケット

司祭や判事たち」の権力が階級社会のピラミッド構造を固めようとしていることに気づかない。腹を満たされ、でももっと食いたいと思ってしまったら、それは権力の思うつぼ。毒に侵されているんだよ、と。

　トム・ヨークの作詞が巧妙なのは、別に彼がヴェジタリアンだからソーセージを毒物扱いしているということではない（と思う）。そうではなく、毒に夢中になっているのは権力に利用される下層階級だけではないと歌っているからだ。バンガーズ＆マッシュを食らっているのは、誰かを利用することの快楽に溺れる中毒に陥っている権力者たち自身でもある。「トップに立つことが堕落の始まり（If you are on the top, then it is a long drop.）」。結局食べているのはいつもバンガーズ＆マッシュじゃないか！　双方が毒を食らい、双方が己の階級に留まることに躍起になって中毒症状に気づいていない、階級社会の巧妙なメカニズムを描写しているダーク・リアリズム。ノアールなのだ。「暗闇をのぞき込むと、今度はその暗闇におまえの魂までのぞき込まれるぞ（If you stare into the dark, the dark will stare you back into your soul.）」。

「ソーセージ戦争」と北アイルランドの監獄飯

しかし、これではあまりにもバンガーズ＆マッシュを悪者扱いしすぎているように聞こえる。悪者にしたくなるほど美味いのだ、といえば通りはいいけれど、加工肉食品には確実に、ある種の中毒性があるのではないかと、おそらくわたしたちは皆気づいているのではないだろうか。人工的な、かつケミカルな原材料のせいだけではなく、旨味、塩味、主張しすぎない肉の風味、ハーブやスパイスの香り、嚙んだときの弾力と対照的な口の中でほぐれていく食感。ソーセージは、ソーセージにしかない特異性の際立つ食材ではないだろうか。

ソーセージは加工肉の代表なのだ。だから、生加工肉の輸出入をめぐるイギリスとEUとの激烈な交渉が「ソーセージ戦争」と呼ばれるのだろう。イギリスがEUから離脱する条件として両者の間で交わされた「北アイルランド議定書」によって、EUに留まるアイルランド共和国と陸続きの北アイルランドはEU単一市場に留まると規定された。それによって、「同じ国」の他のイギリス諸国で生産加工された冷蔵肉製品を、アイルランド海を越えて北アイルランド市場に届けることができないというややこしい案件が残ってしまった。北アイルランドをイギリス連合王国に留めたいユニオニストからみれば、アイルランド島統一を目指すナショナリストへの譲歩をEUとイギリス政府が画策しているようにしか見えない政策なのだ。

ユニオニストの支持を維持したい保守党政府は、できるだけ多くの物品がアイルランド海を渡りEU離脱以前と同じように北アイルランドに届けられるように、EUとの交渉に入った。こうして、EU単一市場に留まる北アイルランドから他のEU諸国に物品が流れることを懸念するEU側との丁々発止の交渉が始まり、それが俗に「ソーセージ戦争」と呼ばれているのである。二〇二三年三月末時点で、EUに認定された事業者によって生産され、かつ他のEU諸国に流れるリスクのない商品に限って検疫と税関手続きを大幅に簡略化して輸出入を認める「ウィンザー・フレームワーク」の合意に至っている。「リンカーンシャーポークソーセージ」をまた、ベルファストでも食べることができるのである。

1章「ベイクドビーンズ」で紹介した映画『父の祈りを』に登場する監獄飯が、ベイクドビーンズに刻んだソーセージが入っていたものだったことを思い出してほしい。もしもあの物語が現代に置き換えられたならば、もしも「北アイルランド議定書」に修正が加えられなければ、北アイルランドのあの監獄のベイクドビーンズにはドイツ産のヴァイスヴュルストやイタリア産のサルシッチャが入ることになるのだろうか。

絵としては面白いだろうが、おそらくそうはなるまい。経営の合理化と運営の効率化のためにアウトソーシングによる民間委託が進む監獄産業にあって、食費は必ず削られる。ＥＵ単一市場といっても、その市場の最西端に運ぶトラックとフェリーによる運搬費用を補うために価格は高騰せざるをえないのだから、囚人の、それも政治犯の飯に金をかけるとは思えない。搾取対象であるはずの労働予備軍にさえ食わせるものを削っていく。監獄は、資本主義が今現在どのような状態にあるのかを直截に反映する装置なのである。

ソーセージの茶色と真っ白でシルキーなマッシュドポテトとのコントラストが鮮やかであればあるほど、バンガーズ＆マッシュが哀愁を帯びて見えてくる、資本主義の黄昏時である。

注1　Martin Hickman, "The Secret Life of the Sausage: A Great British Institution", *The Independent*, 30 October 2006, https://www.independent.co.uk/life-style/food-and-drink/features/the-secret-life-of-the-sausage-a-great-british-institution-422185.html

注2　Sophia Loren and Peter Sellers, "Bangers and Mash", 1960.

バンガーズ＆マッシュ

オニオングレービーの材料

タマネギ…5個
無塩バター…100 g
薄力粉…25 g
赤ワイン…200ml
スープストック…300ml
マスタードパウダー…適量
塩…適量
黒胡椒…適量

バンガーズの材料（4人分）

イングリッシュソーセージ
（生のもの）…8本
オニオングレービー…適量

マッシュドポテトの材料

ジャガイモ（男爵やキタアカリなどクリーミーなもの）…1kg
バター…150g
牛乳…250ml
塩…適量
黒胡椒…適量

ピーの材料

乾燥青エンドウ豆…100 g
＊イギリスでマローファットピースと呼ばれるものを使う
水…500ml
野菜のスープストック…80ml
バター…適量
塩…適量
黒胡椒…適量

＊イングリッシュソーセージは茹でたりしません。また焦げすぎ！ぐらいまで焼いて破裂させてこそ、バンガーズなのです。
大きめの皿にマッシュドポテトとピーを盛りつけ、ソーセージをポテトにのせて、その上からたっぷりのオニオングレービーをかけて、さぁ召し上がれ。

マッシュドポテトを作る

1　よく洗ったジャガイモは皮付きのまま鍋に入れ、水を加えて強火にかける。沸騰したら弱火にして20分ほど茹でる。竹串を刺して中まですっと入ればOK。ザルにあげて粗熱をとる。

2　牛乳を人肌程度に温めておく。

3　手でジャガイモの皮を取り除き、マッシャーなどで手早くマッシュする。

4　**3**に粗くカットしたバターを入れてヘラで混ぜ、2、3回にわけて牛乳を加えてその都度よく混ぜ合わせる。塩、黒胡椒を入れて味をととのえ、ジャガイモがなめらかになるまでさらに混ぜ合わせる。

ピーを作る

1　青エンドウ豆を洗い、一晩水につけておく。

2　豆を新しい水500mlに入れ替えて、弱火で15分ほど煮くずれないように気をつけながら煮る。

3　煮えた豆をザルにあげて水を切り、弱火にかけたフライパンでバターとともに弱火で炒める。

4　スープストックを注ぎ、弱火で軽く煮詰め、塩、胡椒で味をととのえる。

ソーセージを焼く

フライパンに油を多めに入れて火にかけ、生のイングリッシュソーセージを弱火で焼く。10分ほど焼いたら裏返してもう片面をさらに10分ほど、焦げてきた！ と感じるぐらいまで焼く。

オニオングレービーを作る

1　フライパンを熱してバターを入れ、薄くスライスしたタマネギを加えてきつね色になるまで弱火でじっくり炒める。

2　**1**にふるった薄力粉とマスタードパウダー、黒胡椒を入れて手早く炒め、赤ワインを注いで強火でアルコールを飛ばす。

3　スープストックを加え、弱火で30分ほど煮て、塩で味をととのえる。

4

クリスマスプディング

年に一度の悪魔的幸福感

クリスマスにはプディングを

プラムプディングは国民的シンボルだ。ある階級や階層ではなく、大多数のイングランド国民を代表するものである。

一八五〇年の「イラストレイティッド・ロンドン・ニュース」紙がこう書いているプラムプディングこそ、いまわたしたちがクリスマスプディングと呼ぶ、イギリスのクリスマスの食事には欠かせない食べ物のことだ。

「プラム」といっても、プラム（スモモ）が入っているのではない。ここでの「プラム」とは、すぐ手に入る干した果物の総称、ぐらいの意味なのだ。干しブドウ、オレンジやレモンのピール、クルミなどのナッツ類、卵、砂糖、小麦粉に、シナモン、メースやクローヴなどのスパイスとスエットという仔牛の腎臓の周りの脂肪分を混ぜて、ブランデーかラム酒で香りをつけて型に入れ蒸し上げる、それがこのプディングである。食べるときにはブランデーバターをたっぷり塗って……。

プディングとは、もちろん日本語のプリンの語源だが、3章「バンガーズ＆マッシュ」のソーセージのくだりでも書いたように、お菓子だけではなく、肉や雑穀やハーブを腸詰めして小麦粉やスエットを混ぜて蒸した料理の総称である。たとえば、羊の臓物をハーブや穀物と一緒に腸詰めしたスコットランドのハギスのようなものもプディングである。豚の血の腸詰めはブラックプディングと呼ばれる。プディングクロスと呼ばれる布に包んでお湯で茹でる調理法もあるが、いまでは陶器の型に入れて蒸すのが一般的だ。いや、もはや出来合いのものをスーパーやデパートで買ってきて、レンジで温め直すか蒸し直すのが一般的だと言ってもいいだろう。

このクリスマスプディング、実はクリスマスに欠かせない他の食べ物の材料の寄せ集めなのだ。小麦や卵を入れる前のドライフルーツ、ナッツ、スパイス、柑橘系の皮の砂糖漬けはそのまま「ミンスパイ」のフィリングになるし、スエット以外の具材を混ぜたタネをオーヴンで焼けば「クリスマスケーキ」になる。クリスマスプディングは、クリスマスに必要なフレーバーをすべて兼ね備えた季節のお菓子の満漢全席のようなものなのだ。

「プラム」がいつから「クリスマス」に取って代わられたのかについては諸説あるのだが、クリスマスの時期にこれを食べるようになったからそう呼ばれるようになったことだけは疑いない。どこの誰が初めにそう言い出したのか？　かのチャールズ・ディケンズの『クリスマス・キャロル』（一八四三年）にも、クリスマスにプディングを食べる情景は描かれているが、まだ「クリスマスプディング」という名称は登場していない。

いや、そんなことよりも問題は、冒頭の「イラストレイティッド・ロンドン・ニュース」紙にあるように、この食べ物が階級よりもイングランド人という国民を代表するのかということである。確かに、王侯貴族から労働者階級に至るまで、クリスマスにはクリスマスプディングを食べる。だからといってこれにイングランドを「代表」させていいものだろうか。われら「コモナーズ・キッチン」は、国民を階級に優先させるような書き方や言い方をそう簡単に受け入れるわけにはいかない。

しかしまずは、一九世紀の半ばの新聞がなぜクリスマスプディングを国民の象徴に仕立ててあげたかったのかを考えてみる。時はヴィクトリア女王の治世。大英帝国が破竹の勢いで世界を牛耳ろうとしていた頃である。プラムプディングが食べられ始めた一六世紀終わりごろには本当にプラムを使っていたし、干しブドウや柑橘類、スパイスは主にスペインから輸入していた大変貴重な食材だった。その後、アルマダの海戦で大西洋の制海権をスペインから強奪したイギリスは、インドへと版図を広げていき、クリスマスプディングのための食材をいわば「自前」で揃えられるようになるわけだが、その過程で経験したのが世界史上初の市民革命と言われる清教徒革命である。

ところが、オリヴァー・クロムウェルをリーダーとする革命勢力は、王の首を切っただけでは飽きたらず、偶像崇拝や贅沢を理由に人々が楽しみにしていたクリスマスの行事やクリスマスを祝うプディングを作って食べることを禁止しようとしてしまったのだ。このように、清教徒＝ピューリタンの面目躍如となったこの出来事によってイングランドは分断しかけたという歴史がある。そして王侯貴族とジェントリーを中心とする議会派の拮抗関係が続いた一八世紀を経てスコットランドを併合し、かのヴィクトリア女王とザクセン生まれのアルバート公が統治する、いまのイギリスという国の形を作り上げた一九世紀がやってくる。

ヴィクトリアとアルバート夫妻は、着飾ってテーブルを囲み、ごちそうを食べてプレゼントを交換するクリスマスの聖餐を王室のみならず国民に奨励した。王室一家がクリスマスツリーを囲んでだんらんする姿が、さきほどの「イラストレイティッド・ロンドン・ニュース」紙にも掲載されている。

クリスマスは家族揃って、という一般的なイメージが出来上がるのはこの頃のことである。「この頃」とはまさに、冒頭で紹介した一八五〇年前後のこと。産業革命後期、植民地の拡張、富の蓄積、そして階級差の拡大。イギリス資本主義のベースが固められたこの時代にこそ、クリスマスプディングがクリスマスの象徴として食べられるようになったのである。

「イラストレイティッド・ロンドン・ニュース」に掲載
された王室一家のクリスマスの情景

「階下のものたち」と「階上のものたち」

というわけで、クリスマスプディングもまたイギリスという国が背負ってきた資本主義の歴史と切っても切り離せない食べ物なのだ。あのずっしりとした重み、子どもには少しきついかもしれないスパイスとラム酒やブランデーの香り、なんといってもスエットの光沢に満ちたあの悪魔的な黒さ。聖なる日の「ディナー」に出される食べ物のはずなのに、なんとなく罪深い食べ物のような気もしてくるから不思議である（英語の「ディナー 'dinner'」は「その日の主たる食事」を意味し、必ずしも「夕食」を指すとはかぎらない。そして、何時に「主たる食事」を取るのかもまた階級によって異なる）。

その悪魔的な食べ物を、材料や出来の良し悪しは別にして、クリスマスに皆で食べる、という習慣ができたのだから、まあイギリス国民を代表するものだという認識が広がったのだろうが、では一体誰がクリスマスプディングを「作る」のかを考えると、やはりそこには大きな分断が見えてくる。

労働者階級の家ではそれを自分たちで作って食べるが、上流階級の家では「階下」のキッチンで料理担当の使用人たちが作り、「階上」の主人やゲストたちが食べる。もちろん、いまや手作りというのは一般的ではないだろうが、かつて、そう、クリスマスプディングが登場する小説として『クリスマス・キャロル』に次いで有名な、アガサ・クリスティーの『クリスマス・プディングの冒険』が書かれた一九二〇年代には、「階下のものたち（downstairs）」が「階上のものたち（upstairs）」の食べるクリスマスプディングを作っていた（いまもある種の階級の暮らしではそうである）。

この物語の中で名探偵エルキュール・ポアロは、「イギリス連邦のために動いている」という人物から、ある国の王家のスキャンダルになりかねない事件を解決してほしいと依頼を受ける。王家に代々伝わる高価なルビーが、英国旅行中の王子の密かなランデヴーの現場から行方知れずになってしまい、それを探し出してほしいというのだ。犯人が潜伏していると目されるマナーハウス「キングス・レイシイ」に入り込んだポアロは、そこで「イギリスの田舎の古風なクリスマス」を過ごしながら、いつものように「灰色の脳細胞」を駆使して見事にルビーを取り戻すのだが（以下ネタバレを含む）、事件解決の糸口は、誰がクリスマスプディングを作り、誰がそれを食べるのかの「分業」にあった。

犯人が盗んだルビーを隠した場所、それがクリスマスプディングだった。名探偵の来訪を耳にして動揺した犯人は、調理中のプディングの中にルビーをこっそり忍ばせ、クリスマスが終わったら外に持ち出そうと考えた。その家のキッチンでは、クリスマスの正餐（ディナー）に出すプディングの他に、元日に食べるためのプディングが用意されており、犯人はその元日用のプディングにルビーを隠したのだ。

銀紙で包んだ六ペンスコイン（今では二ペンス）をプディングに仕込み、それが入った部分が皿に盛られた人に幸運が訪れる。そんなクリスマスプディングの習慣に範を取ったようなトリックなのだが、階下のキッチンでちょっとした「手違い」が起きてしまい、犯人の思い通りに事が運ばなくなる。使用人の一人が食料品室で寝かしてあったクリスマス用のプディングを棚から下ろす際にあやまって落としてしまったために、元日に食べるために取ってあった方のプディングが皆が囲んでいるテーブルに出されてしまったのだ。その「手違い」に気づいたポアロは一計を案じ……と、あとは早川書房のクリスティー文庫版（橋本福夫他訳、二〇〇四年）で楽しんでいただきたい。

犯人がルビーをプディングに隠すことができたのは、「キングス・レイシイ」のクリスマス料理を取り仕切ったミセス・ロスがプディング作りにあたって、「ステアアップサンデー（Stir up Sunday）」という「昔のままの習慣」を守ったからである。「ステアアップサンデー」とは、家族全員で順番にプディングの具材を混ぜ合わせ、それぞれ願いごとを唱えるという儀式めいた習慣のことである。クリスマスプディングは長く寝かしておくほど美味しくなるため、本来はクリスマスの数週間前に仕込むのが「昔のまま」のやり方なのだが、その年のプディングが作られたのはクリスマスの数日前だった。そのとき、ミセス・ロスは来客も含め屋敷にいた者たち全員に声をかけ、プディングを混ぜさせたのだった。犯人はその最中にルビーをプディングに入れたのである。

だが、犯人が労働者階級の家庭のようにプディングを作っていたならば、つまり、プディング生地を数回混ぜ合わせるだけではなく、蒸す、寝かせる、型から取り出す、テーブルまで運ぶ、ブランデーでフランベする、切り分ける、というすべての調理に関わっていたならば、そして作る場所と食べる場所が同じフロア（階）にあったならば、「手違い」を事前に察知できたはずだ。プディングの味は作ってみなければわからない（The proof of the pudding is in the making.）。

マナーハウスの「階上」では、ディナーテーブルを囲む誰もがそれぞれの思惑を隠しつつ、それぞれの欲望を満たそうとしているが、自分たちで食事を作ることはない。一方「階下」では使用人たちが共同で「階上」の主人やゲストたちに食べさせるものを作る。クリスティーが「階下のもの」によるささやかな抵抗を意図して書いた、とはまったく思われないけれど、結果的に「階下」のものの裁量が、「階上」のものの悪事を暴くことになったのだ。

そもそも、これが労働者階級の家であったならば、このミステリー自体が成立しなかっただろう。両親共働きが普通だった労働者階級の家庭では、そうしないと間に合わないという事情もあったが、ともかく家族総出でプディングを作ったのだから。階級による分業が当たり前なマナーハウスのクリスマスと、作る人と食べる人が一致する労働者階級のクリスマス。

この違いは、富を生み出すのも利得を享受するのも最終的には個人であると、それも主意的で合理的な個人であると想定している資本主義と、集合的な力が集合的に発揮されることで資源が必要に応じて集合的に再分配される社会主義の違いだとも考えられる。クリスマスプディングが際立たせる階級闘争。

帝国のプディング、王のプディング

ところが、このポアロの物語が設定されているのとほぼ同じ時代の一九二七年、クリスマスプディングによって「階下の人間」も「階上の人間」との共犯関係に与するように仕組まれた出来事があった。問題は、プディングの材料にあった。ブドウなどの干した果物やスパイス、香りづけに皮を用いるオレンジやレモン、そしてラム酒など、どれもイギリス本国で収穫されたり作られたりするものではない。これらの、どちらかというと南国の産物をすべて大英帝国の植民地から調達して、一九二七年の王室のクリスマスディナーで提供するプディングを作ろうというのである。名づけて「帝国のクリスマスプディング」。人類学者のカオリ・オコナーによる「国王のクリスマスプディング――グローバリゼーション、レシピ、帝国の商品」[注1]は、イギリス帝国主義とクリスマスプディングの関係について述べている興味深い論文である。

国王ジョージ五世統治下のイギリスは、第一次世界大戦の後遺症からなかなか回復できずにいた。貿易額は落ち込み、戦時公債の返済のために国民の負担は増えていた。物価高は続き雇用も不安定、労働運動は激しさを増しイギリス社会全体が不安定だった。帝国は隅々までが社会経済的に疲弊し、大英帝国の求心性が薄れているのではないかという疑念が統治者の間で共有されていく。

他方で、生活がなかなか楽にならない国民の間では、多くの犠牲を払って戦争に貢献したのにその見返りを十分に受けるどころか、生活保護を受け食料調達もままならない暮らしへの不満が積もっていた。特にイギリス女性愛国者同盟（the British Women's Patriotic League）や保守ユニオニスト女性参政権協会（the Conservative and Unionist Women's Franchise Association）などのナショナリスト組織は、生活物資や食料が十分に行き渡らないのは、帝国の版図内からの調達を怠っているからであり、帝国の物流をもっと活性化させればイギリス国内の各家庭にも十分食料が行き渡るはずだと主張した。

実際国民の生活は楽ではなかったのだが、その埋め合わせを植民地の物産に積極的に求めたのである。これぞ絵に描いたような帝国主義的想像力の賜《たまもの》である。当の植民地の民の生活のことなど頓着していないからだ。一九二四年に開かれた大英帝国博覧会において、イギリス女性愛国者同盟は「今年のクリスマスプディングは帝国の食材で」と題したチラシを配り、すべての材料を帝国の食材で作ったと謳《うた》う出来合いのクリスマスプディングを売り出した。

そして一九二七年のクリスマスを迎える。王室の主任シェフであるアンドレ・セダードのレシピには次の食材が使われた。オーストラリア産や南アフリカ産の干しブドウ、カナダ産のリンゴ、スエットはニュージーランド産、卵はアイルランド、オレンジの皮の砂糖漬けは南アフリカ、英領西インドからの砂糖、セイロン（スリランカ）からはシナモン、メースやアニスを混ぜたプディングスパイスはインド産、ザンジバルからクローブ、ナツメグは海峡植民地（シンガポールとマレーシア）、キプロス産のブランデーにジャマイカ産のラム、小麦粉とビールはイングランドから。

帝国製品販売促進委員会（the Empire Marketing Board）はこのときとばかりにそれぞれの植民地の産物を喧伝し、輸入量を増やしてできるだけ抑えた価格でイギリス国内に流通させようと試みた。同時に、各家庭で作るクリスマスプディングにも帝国植民地から輸入される食材を使うよう奨励されたのである。労働者階級の家庭で親子そろってプディングの具材を混ぜ合わせる「ステア・アップ・サンデー」。具材はプディングボウルの中でかき混ぜられ一つの型に入れられる。その型の名前を、帝国という。

せっかく年に一度のクリスマスプディングだ。そんな野暮なこと言わないでこの濃厚かつ複雑なフレーバーを心ゆくまで味わいたい。今どき、ある国の代表的な食べ物の材料がほとんど外国産なんてことは珍しくはないし（鯖寿司の鯖はほとんどノルウェー産だ）、イギリスが帝国だった時代なら世界中の植民地から集められた食材を使うのは、まあ、それほど珍しくもなくかつとがめられることでもないではないか。確かにそうかもしれない。とがめているわけではないし、わたしたちもクリスマスプディングを喜んで食べるだろう。

ところがしかし、その当時すでにジョージ・オーウェルにはちゃんとわかっていたのである。クリスマスプディングと労働者階級とイギリスという帝国とその帝国によって搾取されている人びとの密接な関係を。わかっていて、皮肉たっぷりに、それでもなおかつなんとなく美味しそうに、オーウェルはわたしたちに警告する。

貧しいものたちもまたウキウキしている。年に一度食べ物がたっぷりと振る舞われる日だからだ。狼が玄関先に来ている。しかしそいつは尻尾を振っている。クリスマスプディングの湯気が質屋や劣悪な工場の裏庭から漂ってくる。そしてスクルージの幽霊が、二重の意味で食卓の脇に立っている。

（ジョージ・オーウェル「社会主義者は幸せになれるか？」[注2]一九四三年、未邦訳）

機嫌よく振る舞ってはいても狼だ。気をつけろ。玄関を開けた途端にがぶっとやられるぞ。ディケンズの小説の中のスクルージは最後に、己の強欲さを悔いる。しかし庶民（the commoner）の食卓にやってきたこのスクルージは、三人の幽霊のおかげで改心したスクルージなのか、それとも強欲な金貸しのままなのか。いずれにせよそのスクルージが、今度は自ら幽霊となって、クリスマスは幸せな時間であることと、でもその幸せがかりそめでしかないかもしれないことの、両方を告げにやってきたのだ。クリスマスプディングの香りと色が悪魔的である本当の理由に、オーウェルは気づいていたのかもしれない。

注1　Kaori O'Conor, "The King's Christmas Pudding: Globalization, Recipes, and the Commodities of Empire", *Journal of Global History*, Vol. 4, Issue 1, March 2009, pp. 127–155.

注2　George Orwell, "Can Socialists Be Happy?", The Orwell Foundation, https://www.orwellfoundation.com/the-orwell-foundation/orwell/essays-and-other-works/can-socialists-be-happy/

クリスマスプディング

材料（16cmのプディング型2個分）

A
- 薄力粉…80g
- ベーキングパウダー…小さじ1/4
- 生パン粉…150g
- ミックススパイス…小さじ2
- ブラウンシュガー…250g
  ＊黒砂糖あるいは赤砂糖でもよい
- スウェット（牛脂、ケンネ脂）…150g

B
- レーズン…150g
- サルタナレーズン…150g
- カレンツ…150g
- プルーン…150g
- クランベリー…100g
- レモンピール…50g
  ＊レモンの皮すりおろし1個分でもよい
- アーモンド…50g
- クッキングアップル…300g
  ＊ブラムリー、紅玉など酸味のあるもの

C
- 黒ビール…180ml
- ラム酒…80ml
- 卵…2個

＊イギリスでクッキングアップルといえば「ブラムリー」という青リンゴ。酸味が強く、加熱するとコクと香りが引き立ち、アップルクランブルや焼き菓子、また総菜にと幅広く使われます。

プディング生地を作る

1　ボウルに材料Aの小麦粉とベーキングパウダーをふるい入れ、残りの材料Aも加えてよく混ぜる。
2　同じボウルに細かく刻んだクッキングアップル、プルーン、アーモンドと残りの材料Bを入れ、手でよく混ぜる。
3　別のボウルに材料Cを入れてよく混ぜ、**2**のボウルに加えて全体によくなじむよう混ぜる。密閉容器に入れて冷蔵庫で一晩休ませる。

プディング生地を蒸す

1　プディング用の器または直径16cmほどのボウルの底に、直径に合わせて丸くカットしたクッキングシートを敷く。プディング生地を8分目まで入れ、底を軽くトントンと打ち付けて空気を抜く。生地の上にクッキングシートを落とし蓋のようにのせ、アルミホイルで容器に蓋をする。アルミホイルが外れないようにタコ糸でぐるりとしばっておく。このとき、両側に釣り手を作っておくと便利。
2　**1**を鍋に入れて水を張り、蓋をして弱火で5時間ほど蒸す。途中、水が少なくなったら足す。
3　蒸し上がったら、少し冷ましてから容器から取り出してラップに包み、冷蔵庫で2週間から1ヶ月ほど保存する。食べる前に再び**1**の要領で2時間ほど蒸し直す。

プディングをテーブルへ

1　蒸し直したプディングを皿にのせ、小鍋に入れたブランデーに火をつけて注ぐ。
2　お好みの大きさに切り分け、無塩バターと砂糖、少しのブランデーを混ぜ合わせたブランデーバターをたっぷり添えていただく。

ミンスパイ

（直径6cmのタルト型12個分）

ペストリー材料
薄力粉…200g
きび砂糖…30g
塩…ひとつまみ
無塩バター…100g
卵…1個

仕上げ用
卵白…1個分
粉砂糖…少々

ミンスミート（フィリング）材料
レーズン…50g
サルタナレーズン…50g
カレンツ…50g
クランベリー…50g
レモンピール…30g
＊レモンの皮すりおろし1個分でもよい
アーモンド…30g
クッキングアップル…50g
＊ブラムリー、紅玉など酸味のあるもの
無塩バター…50g
黒糖…50g
ブランデー…50ml
ミックススパイス…2g
＊コリアンダー50%、シナモン20%、ナツメグ10%、ジンジャー10%、クローブ10%を基本にお好みでブレンドを

＊リキュールは、コアントロー、グランマルニエ、キュラソーなどがおすすめ。スパイスはジンジャーやカルダモンなどお好みで。密閉容器で冷蔵しておくと1ヶ月ほど保存しておけるので、作り置きしておくと急に冷え込んだ寒い夜にも心強い。

ミンスミート（フィリング）を作る

1　クッキングアップルとアーモンドを細かく刻み、残りのミンスミートの材料とともにボウルに入れ、全体がよくなじむまで混ぜ合わせる。
2　密閉した容器に入れ、冷蔵庫で1週間ほど寝かせる。

ペストリーを作る

1　小麦粉をボウルにふるい入れ、砂糖、塩、バターを加えて、指先で手早くこすり合わせる。粉チーズのような状態になったら、卵を加えてざっくり混ぜ、ひとまとまりにする。ラップで包んで平らに整えてから、冷蔵庫で1時間ほど休ませる。
2　冷蔵庫から取り出した生地を麺棒で3mmほどの厚さに伸ばし、タルト型よりも少し大きな円形に抜型で12個抜き出す。また、上にかぶせる生地を、星形などの抜型で12個抜き出しておく。
3　円形の生地を型に敷き込んで、フォークで数ヶ所、空気穴をあける。かぶせる生地と共に冷蔵庫で20分ほど休ませる。

ミンスミートをつめて焼く

1　生地を敷き込んだ型に12等分したミンスミートを入れる。ギュッと押し込んで8分目ぐらいまで入るようにする。
2　星形などのかぶせ生地をのせ、表面に溶いた卵白をぬってから、170℃のオーヴンで20分ほど、薄く焼き色がつくまで焼く。
3　パイが冷めたらトレイに並べて、茶こしなどで粉砂糖をふりかける。

モルドワイン（ホットワイン）の作り方

手鍋に赤ワイン400mlとハチミツ20ml、リキュール25ml、クローブホールとスターアニス各4粒くらい、シナモンスティック2本、レモンスライス2切れを入れ、沸騰させないように10分ほどゆっくり温める。スパイスをのぞいてグラスに注ぐ。

5

ローストビーフ

「自由」の味と貧者の生活

古きイングランドのローストビーフ

いつか食べるといい、ローストビーフを。できるなら昼下がりがいい。窓から柔らかく光が差し込む古いパブの木のテーブルで、ワインではなくエールを、いや、むしろスタウト（黒ビール）を、「柄がついていないグラスで出すような愚」を犯してジョージ・オーウェルに咎《とが》められないように、ジョッキか陶製のマグで添えて食するのがいい（「パブ〝水月〟」『一杯のおいしい紅茶』小野寺健編訳、中公文庫、二〇二〇年、二五頁）。「柔らかい」、などという肉に対して失礼極まりない愚かな賛辞など一寸も頭をよぎる余地がないほどしっかりとした赤身肉の旨味と嚙みごたえを、存分に味わうのがよい。

ヨークシャープディングは必ずあった方がいい。たっぷりとかけられたグレービーソースを余すことなくすくうことができるから。付け合わせはニンジンとジャガイモ。ホースラディッシュも忘れてはいけない。ニンジンを太めの短冊切りにするならジャガイモもチップス形に切って、そうでなければ両方輪切りにして、肉と一緒にローストするのがいい。まちがってもニンジンをバターでグラッセなどしてはいけない。それはあまりにも「フランス的」だ。グリーンピースがあってもいいが、生が手に入らず冷凍は味気ないという人であれば、なくてもいいだろう。

「フランス的」であってはいけない理由は、イギリス人の牛肉好きがフランス人にとって恰好の揶揄のネタだったからだ。フランス人が「ロスビフ（rosbif）」と言うのは、野暮で洗練を欠いたイギリス人を馬鹿にするときだった。そのお返しにイギリス人はフランス人を「カエル」と言って馬鹿にしてきたわけだが、それもこれも、一八世紀を通じて領土をめぐり、そして信仰をめぐり仲違《たが》いを繰り返していた両国の歴史に原因がある。

「ジン横丁」や「ビール街」など、ロンドンの庶民の生活を多く描いた画家のウィリアム・ホガースは、一七四八年にこの不安定な両国間の関係に巻き込まれてしまった。スケッチ旅行で訪れたカレーの街で、スパイの容疑をかけられフランス警察に捕まってしまったのだ。その仕返しに彼が描いた絵が、「カレー門」または「おお古きイングランドのローストビーフ」と呼ばれる一枚だ。今はドーヴァー海峡を渡るフェリーの発着港として、そして多くの難民申請者たちが収容される施設のある国境の街として知られるカレーだが、その当時はイギリス領だったりフランスが奪還したりが繰り返される、そのぶん両国の文化や慣習が入り乱れる、活気ある街だった。

ホガースの描いた絵では、大きなローストビーフが左手にあるイギリス風のイン（パブ）に持ち運ばれようとしている。それを羨ましげに見る太った神父。彼はカトリックだからフランス人ということになるわけで、絵の中では彼一人だけが肥えていて、あとはみ

William Hogarth, *The Gate of Calais* (also known as, *O the Roast Beef of Old England*/ 1748-1749), Tate Britain, London.

な飢えている。右手手前にはぐったりとしたジャコバイト兵（スコットランド人）が上半身をなんとか壁にもたれさせて、絵の中央でどーんと存在感を見せる大きな肉塊と神父のいやしそうな表情と体格とは対照をなしている。ホガースはスパイ容疑で逮捕されたことが相当頭にきたのだろう。左手にはスケッチブックを持った画家自身が登場しているが、その肩には官憲の手が置かれ、その後の逮捕劇を暗示しているからだ。

頭にきた画家は、堂々とした肉の塊にフランス人神父の指一本も触れさせなかった。これがおまえらフランス人が馬鹿にする「ロスビフ」だ、と言わんばかりに、肉を中心に、皮肉まじりでイギリスが戦っている（いた）フランスやスコットランドをこき下ろしている。「至高のビーフステーキ同好会（the Sublime Society of Beefsteak）」という社交クラブのメンバーでもあったホガースが、愛国心たっぷりに描いた絵、ローストビーフにイギリスのプライドを仮託して描いた絵、と解釈される一枚である。

牛肉と自由

ホガースがイギリス第一主義の島国根性に溢れた愛国者だったのか、それともフランスやイタリアの画家たちの画風や最新の技法から積極的に学ぼうとしていた「ヨーロッパ人」だったのか、またその技法はたとえばイギリスに逃れてきたユグノー（フランス人プロテスタント教徒）の友人たちから教わったものだったのか、それはそれでまた別の話である。ローストビーフが誇らしきイギリスの象徴となったのは、ホガースと同時代に歌われていたとされる「古きイングランドのローストビーフ」なるバラッドがきっかけで、ホガースもそれを意識していたはずだろうというのもまた一つのトリビアにすぎない。ここでの問題は、一八世紀を通じて上り調子にあった大英帝国の富と権力の象徴がなぜ牛肉だったのか、それもローストビーフだったのかということだ。

なんと言っても、ジョン・ブルの国である。ブル（bull）は雄牛、とくに去勢されていない種牛、去勢された雄牛はオクス（ox）、カウ（cow）は乳牛だが結局潰されて肉になればビーフだ。それでもブルが突出してイギリスの、それも男性的なイギリス（人）のイメージとなるのは、なにもブルドッグを連れたウィンストン・チャーチルに始まるものではない。一九世紀を通じて発刊されていたトーリー党（保守党）べったりの日曜新聞のタイトルは「ジョン・ブル」だったし、戦場に兵士を駆り立てる際に使われた多くのイメージは、ユニオンジャックをまとうジョン・ブルとして表された。ロンドン塔で大勢の観光客を迎える衛守は、彼らが昔々国王主催のパーティーのあとにお土産として好きなだけ牛肉を持ち帰ってよかったことから「ビーフィーター（beefeater）」と呼ばれるし、同名のジンも有名だ。

牛肉とイギリス人やイギリスという国家にまつわるそんなあれこれをまとめたのが、歴史家ベン・ロジャースの『牛肉と自由——ジョン・ブル、ローストビーフとイギリス人という国民』である(Ben Rogers, *Beef and Liberty: Roast Beef, John Bull and the English Nation*, Chatto & Windus, 2003.)。「牛肉と自由」というタイトルからすぐ推測できるのは、牛肉を自由に食べることができることこそが真の自由ということでしょう、とか、牛肉が自由の象徴なんでしょう、ということだろうが、まさにそういうわりと単純な連想ゲームがあながち間違っていないから始末が悪い。「牛肉と自由」という組み合わせは、ホガースも属していた「至高のビーフステーキ同好会」のメンバーでもあった弁護士にしてバラッド歌手でもあるテオドシウス・フォレストが「牛肉と自由で幸せ〜」と歌ったことに由来するのかもしれない。かもしれない、としか書けないのは、当のロジャース自身が、牛肉がいつどうやってイギリスの愛国主義の象徴になったかなどはっきりとはわからん、と書いているからだ(同書、九頁)。

しかし、自由という言葉はfreedomとlibertyと、英語にすると二つの微妙に意味の違う言葉の翻訳であって、さて、この意味の違いがややこしいのだ。フリーダムは〜への自由、リバティは〜からの自由。大雑把にはこう教わる。前者は天賦の権、後者は抑圧からの解放。高校の倫理社会では、こう教わる。しかし、〜へのだろうが〜からのだろうが、「〜」に当てはまる何らかの対象が必要なことに変わりはない。ロジャースはこの対象が、ドーヴァー海峡の反対側のフランスだというのだから、結構せこい話に聞こえてしまわないだろうか。

マグナ・カルタ（大憲章）から始まり、王を首チョンパしてまでヨーマン（独立自営農民）からジェントリー（郷紳、地方地主）へとのし上がった連中の権益を守り、はては都市新興ブルジョワジーの圧力によってオランダやドイツから新しい王を連れてきてまで国家を存続させてきた国民にしては、自由が普遍的な原理ではなく、一八世紀に整えられつつあったフランス料理の洗練とそのフランスを支配し名誉革命以前の支配者だったスチュアート朝の残党（ジャコバイト）を支援するブルボン王朝やカトリック「から」の自由だというのだから。ソースで素材の味を隠すのではなく素材そのものをシンプルに味わう自由。太陽王ルイ一四世下の絶対王政による軍事的脅威からの自由。そこにかぶさるように見え隠れするヴァチカンの権威主義に支配されずに政治も商売も貿易もできる自由。

裏を返せば、それだけフランスの影響が大きかったということの反証例だろう。ロジャースによれば、一八世紀の牛肉「推し」は、貴族たちがこぞってフランス風のファッション、音楽、そして料理法を取り入れようとしていたことへの反動だというのだ（同書、四四頁)。そして恐るべきことに、当初は反動から始まったとしても、これらの自由は次第に自由貿易(という名の植民地主義)と所有権(という名の富の独占)を主張して世界を支配していく大英帝国の将来へとつながっているとは考えられないだろうか。

ホガースもまた、商業資本主義とナショナリズムが結びついた拡張主義の倫理を単純に絵で代弁していたにすぎなかったのかといえば、ロジャースによるとそこは少しだけひねりが利いているようだ。もう一度「カレー」の絵に戻って目を凝らしてみる。すると、門と格子戸は口と歯のように見えるし、跳ね橋は舌かもしれない。手前のアーチは喉だ。とすればこの絵は、食べ物について描かれただけではなく、文字通り胃の視点から描かれている(同書、一〇一頁)。

カレーの街すべてを口に入れようとはしているようだが、すでに口の中に入れまさに飲み込まんとしているのはローストビーフと太っちょの神父だけではなく、痩せたフランス兵、瀕死のスコットランド人、何やらよからぬ密談をしているようなカトリックの漁師の妻たちなど、食べてもたいして美味しくもないし栄養にもならなさそうな貧しく弱いものも含まれている。全階級ごと飲み込まんとしているのだ。

ビーフはどこだ？

もしイギリス（イングランド）という国家や「イギリス人」という国民が、貴族も地主もブルジョワも労働者階級もルンペンプロレタリアートもカトリック教徒もローストビーフごと飲み込んで、それらをその腹の中で新たなパワーの源にするというのならば、なぜ一八三四年の新救貧法は救貧院で生活せざるをえない貧困者へのメニューからローストビーフを省いてしまったのだろうか。

アメリカの歴史家ナジャ・ダーバッハによる「ローストビーフ、新救貧法、一八三四年から一八三六年にかけてのイギリス国民」という論文[注1]は、一九世紀前半のイギリス社会の貧困観の変化を示す象徴的な出来事として、救貧院での食事からローストビーフとプラムプディング（のちのクリスマスプディング）が除外されたことに注目している。

囲い込み（エンクロージャー）の加速化によって土地を失った農民たちが都市に流入し、職も定住先もないままうろついて「社会不安」を増大させないよう、教会や慈善団体に代わって行政が生活安定の場所を与える目的で制定された救貧法は後の福祉国家理念の先駆けとされるわけだが、その起源は一六世紀までさかのぼることができる。その後何度かの改正を経て、ホガースが「カレー門」を描いてから約一〇〇年後の一八三四年、産業革命の副産物として都市に溢れるようになった非正規雇用労働者、ルンペン、ストリート生活者を対象とする新救貧法が施行された。問題は、この新法が「自助」を基本理念とする自由主義にどっぷり漬かっていたということだ。福祉財源の大幅削減。一言で言えばこうである。救貧院の数を減らし、その管轄は議会ではなく救貧法委員会という独立機関に任され、提供される食物と生活必需品は「最下級の」労働者と同等もしくはそれ以下とされた。救貧院に入れるのは「健常」者のみとされ、それはつまり過酷な肉体労働の現場にできるだけ多く出勤することが奨励されたことを意味した。

ローストビーフはクリスマスの時期に「古きイギリス風ごちそう（Old English Fare）」として供されていたというが、予算の削減で出せなくなったのである。一年に一回のことなのに。ダーバッハによると、これは貧者に対する社会の向き合い方の根本的な変化を表しているという。初期ヴィクトリア朝時代までの家父長的倫理のもとでは、貧者には富者から「ギフト」が与えられるものだった。「施し」と言い換えてもいいだろうが、年に数度しか口にできない贅沢品であるローストビーフが、「食べ物の贈り物」として、普段の奉仕に対して交換される対象だった（同論文、九七〇頁）。「高貴なものの義務（noblesse oblige）」というやつであろう。クリスマスにはローストビーフを「いただける」ことによって不平等感覚が一瞬薄くなり、一時的に階級間の緊張関係を和らげるガス抜きの役目を果たしていた。

　ところが救貧法委員会は、貧困問題の「効率的解決」のために救貧院での暮らしが「労働市場に出るよりも魅力的に映らないよう」（同論文、九七二頁）勧告を出した。つまり、救貧院を出てさっさと自活せざるをえないように仕向けたのだ。あとは自分でなんとかせいというわけである。「フランス的なもの」への反動として芽生えた「自由」が、「自らを助く」という意味での「自由」へと形を変えて貧者の生活を蝕むことになったのだ。

　もしもローストビーフがイギリス愛国主義の象徴で、それを喜んで食べることが良きイギリス人としての証拠だとしたら、救貧院での生活を余儀なくされていた貧者たちは、そのような意味としてのイギリス人であることから除外されてしまったということになる。もう君たちはイギリス人じゃなくていいよ、自分で仕事も働き先も見つけられないんだからね、ということだ。

　イギリス人であれば大好きなはずのローストビーフはもう食べさせてあげないよということで、いわば国民である義務から貧者を追放したわけだ。ところが、それはあくまでも象徴的な追放にすぎないわけで、救貧院の貧者たちは言ってみれば労働予備軍である。資本家からすれば、持続可能な労働生産性を維持するために、賃金労働者が不足した場合の代打を務めるために待機しておいてくれなければならない。国の工業生産力向上に貢献させられるわけだから、貧者たちはローストビーフを食わせろと声を上げてもいいわけだ。そして実際、デヴォンやシェフィールドの救貧院のなかにはローストビーフを取り戻すことに成功したところもあった（同論文、九八六頁）。ローストビーフは階級闘争の賭け金だったとも考えられるのだ。

狂う牛、揺らぐ愛国主義

華美さや複雑さを省き、オーヴンで焼くだけのローストビーフ。日曜日の礼拝に行く前に肉をオーヴンに入れ、帰ってきたら焼けているからとか、家庭にオーヴンのない労働者階級や貧しい人々は町や村のパン屋に肉を預けて、礼拝の帰りに受け取って家族で食べたからとか、サンデーローストの起源に諸説はあっても、わたしたちコモナーズ・キッチンの目から見れば、結局肉の塊を口にする機会などよほど恵まれていないとそうはないという単純な事実を、少し文化的に色づけてもっともらしく言っているにすぎないようにも思える。ローストビーフを食べられるということ自体が、実はとても特別なことなのだという単純な社会経済的事実だ。労働者階級の食事の内実は、すでに何回か紹介してきたとおりなのだから、ここまで読み進めてくれた読者の方々ならおわかりだろう。肉の塊なんかそう簡単には食えんのですよ、庶民（the commoner）は。

　もう一つ言っておかなければならないのは、塊肉を美味しくローストするのは簡単ではないということだ。温度管理と時間。ただ火の中に肉を放り込んでおけばいいというものではない。今にもまして脂身の少ない赤身肉ばかりだった一八世紀や一九世紀である。そもそも飼育法だって飼料だって今とは異なるから、肉はずっと硬かった。それを無造作に焼くだけで本当に美味かったのだろうか。そういう細かい、しかし実際口にするならばちゃんと気を配らねばならない事柄を一気にカッコに入れてしまって、ローストビーフが愛国心の象徴などとは何をか言わんや、である。肉に失礼である。

　単純で簡素な調理とこの肉の希少性という単純で簡素な事実が相まって、自前の限られた資源を無駄なく直截に使用するローストビーフが実にイギリス的だということで愛国主義の象徴となり、三〇〇年近く。逆に、複雑さと豊富さは自国の外に求め、しかしそれらを失わないように帝国を作りあげていつでも収奪可能な状態にキープした。単純で簡素なローストビーフという料理は、複雑怪奇な帝国事情の合わせ鏡か。

　そんなローストビーフに、そんな牛肉に、最大の危機が訪れる。牛海綿状脳症（Bovine Spongiform Encephalopathy）、俗に狂牛病（Mad Cow Disease）のまん延である。それまでに散発的な症例報告はあったが、一九九〇年代の流行は牛か羊などの家畜から伝染した人間がイギリス国内で少なくとも一七〇~一八〇人死亡したことから、大きな健康リスクとして世界的ニュースになった。七万頭以上の牛が殺処分され、マクドナルドはイギリス産牛肉の使用をやめると宣言し、EUへの牛肉輸出は禁止され、日本では二〇〇五年、一九八〇年から一九九六年の間に一日でもイギリスに滞在した人間からの輸血、献血は禁止された(その後二〇〇九年に三〇日以下の滞在ならOKとなった)。

骨髄や特定の内臓部位以外なら食べてもOKだとか、化学飼料のやりすぎが原因だとか、さまざまな憶測と「科学的」根拠の応酬は数年続き、イギリス政府による真剣な取り組みも後手に回ったことから、食肉産業としては大打撃を受けて市場価値も下がり、イギリス産牛肉の信用もガタ落ちになった。

それは同時に、イギリス人的男らしさの危機でもあった。ローストビーフを食らってマッチョなイギリス人になろう! という三〇〇年の伝統の源である肉そのものが、信用を失いつつあったからだ。もちろん、ヴェジタリアンには関係ない話だろうし、牛の放牧のために森林破壊が進み牛のゲップや輸送による二酸化炭素排出によって地球温暖化が加速化しているから牛の話など読むのも嫌だしそもそも牛肉を食べないという人にも、どうでもいいことかもしれない。しかしこれは徴候的だ。

帝国の崩壊、ヨーロッパの一部であることの拒否、男らしさの衰退。マーガレット・

サッチャーが首相を辞任した一九九〇年あたりから、狂牛病の深刻さが世間に知れ渡りだした。妥協を許さぬ強烈なリーダーシップで福祉財源を切り捨て貧富の差を拡大させてイギリス社会をめちゃくちゃにした、愛国心に溢れ、移民を排斥し、社会なんてものよりも私的な個人からなる家族を大事にしなさいと説いた稀有な政治家。さぞかし牛肉が、それもきっとサンデーローストが大好きだったのだろうと思いきや、二〇一〇年に公開された彼女の私生活に関するアーカイヴ資料をすっぱ抜いたタブロイド紙によると、[注2]彼女がとくに好んだのは茹で卵とグレープフルーツだった。朝食にも昼食にも平均二個ずつは食べたらしく、その記事はご丁寧に彼女が週二八個もの卵を食べたことになると書いている。ステーキやラムチョップの夕食もあったようだが、ローストビーフは出てこない。そしてサッチャー家のサンデーローストは鶏だった。昼にローストチキンを食べ、夜にはその残りを食べたという。

自覚的に「鉄の女」を演じていたサッチャーは、鉄分豊富な赤身肉ではなく、意外と「チキン」だったのかもしれない。

注1　Nadja Durbach, "Roast Beef, the New Poor Law, and the British Nation, 1834–63", in The North American Conference on British Studies, *Journal of British Studies* 52, October 2013, pp. 963–89.

注2　Sam Greenhill, "The Maggie diet - whisky, spinach and 28 eggs a week", *The Daily Mail*, 30 January 2010, https://www.dailymail.co.uk/news/article-1247164/The-Maggie-diet--whisky-spinach-28-eggs-week.html

ローストビーフ

材料（2人分）

牛かたまり肉（もも、ランプ）…500g
塩…小さじ1
黒胡椒…少々
ローズマリー（生のもの）…2本
オリーブオイル…適量
ニンジン…1本
ジャガイモ…3個
芽キャベツ…10個
ヨークシャープディング…4個
グレービーソース…適量
ホースラディシュソース…適量

ヨークシャープディング

材料（プディング型12個分）

薄力粉…100g
卵…2個
牛乳…120ml
塩…小さじ1/2
黒胡椒…適量
牛脂もしくはラード…60g

ローストビーフの作り方

1　牛肉に塩、黒胡椒をまぶしてから、タコ糸で肉が崩れないように縛る。季節に応じて1〜3時間ほど室温（25℃前後）に戻しておく。
2　フライパンを熱して油をひき、中火で牛肉を焼く。片面、側面を1分ずつ、両端を30秒ずつ、まんべんなく焼く。
3　アルミホイルにオリーブオイルを塗り、牛肉とローズマリーを包む。
4　80℃に予熱しておいたオーヴンで20分ほどアルミホイルごと焼き、取り出して肉に温度計を刺して中心温度を測る。60℃になっていなければ、オーヴンに戻し、中心温度が55〜60℃になるまで焼く。
5　牛肉をオーヴンから取り出し、ホイルに包んだまま、さらにタオルを二重にして包み、2時間ほど保温する。
6　ニンジン、ジャガイモ、芽キャベツを茹で、牛肉のスライスとともに皿に盛りつけ、ヨークシャープディングを添える。グレービーソースとホースラディシュソースを用意して、お好みでどうぞ！

ヨークシャープディングの作り方

1　小麦粉をふるい、塩と胡椒を入れておく。
2　ボウルに卵を割り入れ、牛乳を加えてよく混ぜる。
3　**1**を加え、ホイッパーで混ぜてとろりとしたポタージュ状の生地にする。よく混ざったら冷蔵庫で30分休ませる。
4　プディング型に牛脂を小匙1杯ほど入れ、230℃に予熱しておいたオーヴンで8分ほど空焼きする。取り出して素早く生地を等分に流し入れていく。
5　型をオーヴンに戻し、20分ほど焼く。大きくふくらみ表面がきつね色になれば出来上がり。

6

マーマレード

パディントンはなぜマーマレードを持っていたのか？

マーマレードと階級

朝食のトーストにどのマーマレードを塗っているか見てごらん。色の濃い、厚切りオレンジの果肉が入っているオクスフォードかダンディーのマーマレードなら上流階級、下層階級なら色が薄く果肉感のない、たとえば「（ロバートソン社の）ゴードン・シュレッド」のようなものを選ぶはずさ。

（「デイリー・メイル」紙、二〇一四年四月一九日）

一〇年前の「デイリー・メイル」紙の記事にこうある。自分がどんな階級に属しているか、誰がどんな階級に属しているか、もはや自覚することすら困難なこの階級意識を、丁寧にも明らかにしてくれる食材としてマーマレードが選ばれているのだ。

ここで言われているマーマレードとは、「セヴィルオレンジ」（ビターオレンジとも呼ばれる）を使ったマーマレードである。一八七四年にオクスフォードに住んでいたサラ・ジェーン・クーパーなるご婦人が、果肉は苦いが皮の香りがよいセヴィルオレンジを使ってマーマレードを作り、売り出したところ大変評判になり、という物語ができて以来、イギリスでマーマレードといえば「セヴィルオレンジのマーマレード」と相場が決まっているからだ。オクスフォードマーマレードのたぐいはイギリス以外では見たためしがないと、ジョージ・オーウェルも書いている（『一杯のおいしい紅茶』小野寺健編訳、中公文庫、二〇二〇年）。

しかし、わたしたちは知っている。マーマレードは何もイギリスの専有物でもなければ、人間の専有物でもないことを。「暗黒地」ペルーからやってきたクマのパディントンは、ルーシーおばさんが作って持たせてくれたマーマレードの瓶をトランクに忍ばせて、パディントン駅にたどり着いたからだ。二〇一七年に世を去ったマイケル・ボンドが創作したこのトラブルメーカーのクマは、なぜマーマレードを持っていたのだろうか。もはや誰もそんなことを気に留めやしない。気に留めないどころかこのクマは、在位七〇年を迎えた女王陛下とマーマレードサンドウィッチの楽しみを共有できるまでになった。[注1]

一方で種を超えたアイテムとなり、他方でいまだに階級を示す象徴としても考えられるマーマレード。オレンジを果肉や皮ごとジュースとともに砂糖で煮詰めたこの食べ物の、何がそんなに特別なのだろうか。

いや、特別ではない。特別ではないということが重要なのだ。冒頭の新聞の引用を思い出してほしい。マーマレードのどの種類を選ぶのかによって階級がわかると言っているのであって、上流階級も下層階級もマーマレードを食べていることに変わりはない。誰でも食べるのである。イギリス人みんなが食べる、マーマレード。貴族も資本家も労働者も、イギリス人であればみんな食べる。

だからこそ、女王はハンドバッグの中にマーマレードサンドウィッチを忍ばせておいたのだ。「私もまた、あなた方イギリス国民と一緒でマーマレードが好きなんですよ」とでも言うように。

甘さと安さ

では、いったいいつからイギリス人ならばマーマレードを食べる、ということになったのだろうか。カリブ海域を専門とする人類学者のシドニー・W・ミンツは、砂糖と帝国主義の歴史を語らせれば右に出るものがない碩学《せきがく》だが、マーマレードに関する彼の説明はなるほどと納得させられるものではあれ、そこに驚くべき発見があるわけではない（『甘さと権力――砂糖が語る近代史』川北稔他訳、ちくま学芸文庫、二〇二一年）。一九世紀を通じて「砂糖」の価格が徐々に低下して庶民の手の届く食材となったこと、これがマーマレードを始めとしたジャム類が普及した最大の理由とされる。

砂糖が安く手に入るようになったことは、二つの大きな世界史的出来事がもたらした結果だった。一つは、もちろん植民地主義である。もとは奴隷によって行われたプランテーションでのサトウキビ栽培が大規模化し、生産量と加工技術が大きく飛躍した。二つめは、この植民地からの経済収奪をよりスムースに行うために一九世紀を通じて取り組まれた自由貿易政策である。穀物法と航海法を廃止して多くの物品の関税を大幅に引き下げ、もしくは撤廃しながら、他方では長年大英帝国のエンジンとして君臨してきた東インド会社を解体し、植民地貿易の自由競争を促した。こうして砂糖は生産量も上がったり、関税を下げられたから価格も下がったり、庶民の手に届くようになる。

一八六〇年の英仏通商条約を皮切りに西ヨーロッパでの自由貿易政策が加速すると、スペインから輸入されるオレンジの流通量も格段に多くなった。近郊で採れるベリーよりも、「エキゾチック」なオレンジで作られるマーマレードを。こうして一九世紀後半には消費量が増え、マーマレードやジャムを作る工場が多く建設され、各社が競って商品開発を始めていった。かのクーパーさんも、この流れに乗ったわけである。

ミンツによれば、一八七〇年頃から安価なフルーツのジャム（主にベリー類やプラム類）と労働者階級の食卓は切っても切り離せないものになった。貧しい労働者家庭がやりくりする中で砂糖を存分に使ったジャムは食卓を華やかにするものとなり、「パンとジャムの取り合わせは三回に二回は必ず食べられるようになった」という。ただ、材料の五割から七割近くが砂糖でできているマーマレードやジャムは、日々の激しい労働によって糖分を欲する体を潤すとはいえ、ドリッピング（牛脂）や砂糖にまみれたパンばかり食べていては、当然健康に害が及ぶ。

甘いものへの嗜好《しこう》を高めて食卓に満足感を抱かせることが労働運動を沈下させることにつながったかどうかは、わからない。だが、マーマレードの工場生産率の向上は労働者と経営者との労使関係に緊張感をもたらし、マーマレードを含めたジャム類生産の労働現場での争議の火種をつくったことは確かだ。

一九一一年、南ロンドンのテムズ河畔バーモンジー地区にあるピンク社のジャム工場で、労働力の大半を占めていた女性たちが職場を放棄し、賃上げと労働環境改善を求めてストリートを行進した。当時社会改良主義的な互助組織フェビアン協会の女性部門で労働運動を指導していたバーバラ・ハッチンスは、この「バーモンジーの女性ストライキ」こそ「低賃金で扱いやすい」はずだった女性労働者が自発的に組織的労働運動を始めた最も初期の出来事だと述べてもいる。

女王もパディントンも「普通の（common）」イギリス人も食べるマーマレードは、その「普通の」イギリス人を、食べる側だけではなく、作る側としても階級で分断する食品だったわけだ。

「ジャッファケーキ」の「ジャッファ」とは何か？

　このような歴史を考えると、マーマレードもなかなか罪深い食品である。コーヒーやチョコレートと並んで、近代の「黒」歴史をそのまま体現しているようだ。そしてこの「黒」という言葉がただのたちの悪い冗談で済まされなくなる事態が、二〇世紀に入ると起きてしまった。一九二七年、ビスケットメーカーのマクビティ社が、マーマレードをスポンジ生地に重ねてチョコレートでコーティングした「ジャッファ・ケーキ（Jaffa Cake）」なるお菓子を売り出した。

　今ではレモンやイチゴ、黒スグリやパイナップル、さくらんぼやパッションフルーツなどのジャムを使ったバリエーションもあるが、やはり「ジャッファケーキ」の基本はオレンジマーマレードである。商品名になっている「ジャッファ（アラビア語ではヤッファ）」とは、テルアビブ南方の港町ヤッファを中心とした地方のことで、その地域産のオレンジの銘柄でもある。

　一九二七年にイギリスで開発された商品の主要な原材料がパレスチナ産であるということは、砂糖の歴史に勝るとも劣らない、大英帝国のえげつない歴史を表してもいる。もともとヤッファでは、パレスチナ人によって小規模でのオレンジ栽培が行われていた。とこ

ジャッファケーキ

ろが第一次世界大戦後にパレスチナがイギリスの委任統治領（実質的な植民地）になると、離散したユダヤ人はパレスチナへ戻るべきだと考えるシオニズムを信奉するユダヤ人の企業家による投資が盛んになり、オレンジ栽培は産業化された大規模な形態へと移行していった。そこでの労働は多数のパレスチナ人労働者と、新たに入植し次第に数を増してゆくユダヤ人たちが担った。

今も解決されていないパレスチナ人とイスラエル国家のユダヤ人との争いは、イギリスによる帝国主義統治が原因である。イギリスは第一次世界大戦を有利に戦うために、アラブ民族とフセイン＝マクマホン協定を結んで戦後のアラブ国家の独立を約束した。その代わりに対戦国の一つであるオスマン帝国への反乱を促したのである。他方で多額の戦費を賄うためにはヨーロッパや北米のユダヤ人資本に頼らざるをえなかったため、他方でバルフォア宣言によってシオニズムへの支援を表明した。この二枚舌外交の落とし前をつけぬまま脱植民地化を進めたために、現在に至るパレスチナの苦難の原因を作ってしまった。

大量生産されるビスケットには大量生産されたオレンジマーマレードが必要。とはいえ、分断したまま併存させて統治する、帝国主義のお手本のような舞台装置のもとで作られたオレンジのマーマレードを使った安いお菓子を、宗主国の労働者階級がお茶のお供として重宝がるという風景をどのように考えればいいのだろうか。「ジャッファケーキ」は美味しい。確かに美味しい。しかし一口の「ジャッファケーキ」に染み込んだ歴史の重なりを考えるとき、マーマレードとチョコレートの甘さの奥底に潜んだ、かなりの苦々しさを避けるわけにはいかないだろう。

Black is the new Orange?

イギリスの労働者階級は帝国主義との共犯関係を生きる。帝国の屋台骨を支えた炭鉱などのエネルギー産業や製造業に従事することで、というだけではなく、普段のお茶の時間の中にすらその共犯関係が埋め込まれているからだ。これだけでもうんざりなのだが、「ジャッファケーキ」の話はもっとエスカレートしてしまう。「ジャッファケーキ」のチョコレート・コーティングと、「黒」歴史の「黒」の問題だ。

一九八〇年代後半のスコットランド、グラスゴー。そこに「ジャッファケーキ」と呼ばれた一人のサッカー選手がいた。イングランド人のマーク・ウォルタースその人だ。ウォルタースは、ナイジェリア人の父とジャマイカ人の母との間にバーミンガムで生まれた黒人イングランド人。一九八七年から一九九一年までグラスゴー・レンジャーズに在籍し、一四四試合に出場して五二ゴールを記録したストライカーだ。一試合だけだが、イングランドのA代表としても活躍した。

彼を「ジャッファケーキ」と呼んだのは、レンジャーズの最大のライバルである同じ街のセルティックのサポーターたちだった。かつて中村俊輔、水野晃樹、井手口陽介が在籍し、いまや古橋亨梧、前田大然、旗手怜央、岩田智輝、小林友希の五人の日本人選手が活躍するセルティックは、アイルランド系カトリック教徒のサポーターが多い。そもそもクラブの成立自体がカトリックの神父によるアイルランド系移民のためのチャリティー活動を基盤にしているからだ。

それに対してレンジャーズは、プレズビテリアンを中心としたプロテスタント系のサポーターが多い。代々のオーナーがスコットランドの実業界を代表するような企業家だったこともあり、ウォルタースの同僚となるモーリス・ジョンストンという選手と契約するまで、公式には一人もカトリック教徒の選手とは契約していないことになっていた。アイルランド系移民やカトリック系住民に対するなかなかきつい歴史を持つクラブなのである。そこにやってきたウォルタースは、肌の色＝外見が「黒い」チョコレート色で、レンジャーズの選手ということで中身はプロテスタント＝オレンジ。つまり「ジャッファケーキ」というわけなのだ。

なぜオレンジがプロテスタント色かといえば、一六八八年に名誉革命を起こしてイングランドを再統一したオランダ人の王、ウィリアムⅢ世にちなんだ由来があるからだ。旧王家スチュアート朝の残党狩りとなった一六九〇年の「ボイン川の戦い」での戦勝を記念して、プロテスタント勢力はオレンジを勝利主義の象徴的な色として崇めてきた。その歴史を、セルティックサポーターたちは逆手に取って、ウォルタースを揶揄《やゆ》するあだ名をつけ、試合のたびごとに彼を野次ったのである。「このジャッファケーキ野郎め。外見は黒いくせに一皮むけばオレンジじゃねえか！」と。

アイルランド系の労働者階級の男たちが、イングランドからやってきた事情のよくわからない黒人の若者に「ジャッファケーキ！」という言葉を投げつける。これは黒人に対する人種差別なのか、プロテスタントに対する憎悪の表現なのか。同じような比喩に「バウンティ」というものがある。これはココナッツフレーバーのヌガー生地をチョコレートでコーティングしたお菓子で、肌の色は黒いけれど振る舞いや考え方、価値観などが白人のような黒人に対して向けられる嫌みな表現だ。

マーマレードもここまで来ると、風味や食感などまったく関係ない物語を作るアイテムになってしまう。黒人選手を侮蔑する言葉の中に、オレンジマーマレードの歴史が凝縮されているようだ。砂糖、チョコレート（カカオ）、オレンジ。奴隷制、自由貿易、階級対立、人種差別。帝国主義の残り物をすべて拾い上げて渾然一体とさせた「ジャッファケーキ」。その味の中枢を担うマーマレード。そう考えると、在位七〇周年の記念動画の中で女王がマーマレードサンドウィッチを取り出したのは不思議でもなんでもなく、イギリス王室が長きにわたって享受してきた植民地からの収奪による富と、その収奪の歴史に対するなんの反省もない王室の「伝統」を見事に表現しきっていると言えなくもない。

ではその対極にいるはずの労働者階級はどうだろうか。パディントンを移民労働者の比喩として見るならば、これもなかなかシュールである。このクマの粗暴な振る舞いには、まったく悪意も邪気もない。紅茶をポットに口をつけて飲もうが、ケーキを手で潰してクリームを撒き散らそうが、女王は軽くほほ笑んですべてを受け入れる寛容な君主を演じている。なんとなくの気まずい雰囲気も、二人（一人と一頭？）がともにマーマレードサンドウィッチを持っていることで解消されてしまう。そのマーマレードはね、と、また同じ話をループさせてしまいかねないくらいに、ベトベトと甘く、ネトネトとスティッキーで、なかなかスッキリとはしないのに、爽やかな香りに惹かれて今日も食べてしまう。歴史の罪と切り離そうとしても切り離せない食品がマーマレードなのだ。

注1　二〇二二年、女王エリザベス二世の在位七〇周年を祝う一環として、王室は女王とクマのパディントンがバッキンガム宮殿で紅茶を飲む動画を公表した。この動画は、映画『パディントン』の制作スタッフによって作られた。https://www.youtube.com/watch?v=7UfiCa244XE

オレンジマーマレード

材料

オレンジ…1kg

砂糖…皮とペクチン液を合わせた重さの約70%

＊セヴィルオレンジの生果は残念ながら日本ではまず手に入りません。ですが、その近縁種の橙を使えば、ほろ苦くて香り高い、イギリスっぽい（あくまで「ぽい」）マーマレードになります。その他、八朔、甘夏、文旦、日向夏などもおすすめです。

作り方

1 オレンジを洗い、たて半分に切って皮と房を分ける。

2 沸騰した湯に皮を入れて数分ほど湯がき、粗熱がとれたら薄くスライスする。

3 房を「内皮・種」と「果肉」に分けて、それぞれボウルに入れておく。

4 「内皮・種」を手鍋に入れ、ひたひたに水を張ってペクチン液を作る。弱火で30分ほど、適宜、水を加えながらとろみが出るまで煮詰める。

5 ペクチン液をこし布で濾す。

6 濾したペクチン液と、スライスした皮の合計重量を計り、その70%の砂糖を用意する。

7 大きめの鍋に皮、ペクチン液、果肉を入れ、砂糖の半量を加えて中火にかけ、あくを取りながら10分ほど煮る。

8 残りの砂糖を加え、さらに10分ほど皮が黄金色に透き通るまで煮る。煮汁をヘラでなぞって跡ができるぐらいが目安。

9 熱いうちに保存用の瓶に移す。

マーマレードローストチキン

大きい耐熱皿にオリーブオイルをひき、鶏手羽元8本を入れ、200℃に予熱しておいたオーヴンに入れて20分ほどローストする。マーマレード大さじ3、粗挽きマスタード小さじ4、塩小さじ1/2、黒胡椒ひとつまみ、レモン果汁小さじ4をボウルに入れてよく混ぜ合わせ、ローストされた鶏肉の表面に塗り、オーヴンに戻して15分ほどきつね色に焼き色がつくまで再びロースト。耐熱皿ごとテーブルへ！

7

イングリッシュブレックファスト

誰もがそれを（朝に）食べるわけではない

朝以外もブレックファスト

ブレックファストとは、ファスト（絶食／断食）をブレイクする（破る）という意味で、前夜の夕食からしばらく時間を経て初めて食べる食事だからそう呼ぶのだという。もともとはカトリックやイギリス国教会のしきたりで、イースター（復活祭）前の四〇日間に及ぶ断食が明けた後の食事に由来するという話もあるのだが、そういう細かいことはこの際どうでもいい。問題は、かの『月と六ペンス』で有名なサマセット・モームに「イングランドでちゃんとしたものを食べたければ、一日三回ブレックファストを食べればいい」とまで言わしめた、この食べ物のステイタス、である。

そもそも、「イングリッシュ」である。スコティッシュやアイリッシュではない。ブリティッシュとでも言ってくれれば簡単なのだが、そうすると微妙に中身が違ってくるからそこで差を際立たせることによって、それぞれの食のナショナリズムを主張したい、とでも言うかのようである。基本は目玉焼き、ポークソーセージ、バラ肉ではなく肩ロースを使った脂身の少ないバックベーコン、焼きトマト、焼きマッシュルーム、そしてベイクドビーンズだ。トースト用の薄い食パンをラードで焼いて添えることもある。かつそこに薄いトーストも添える。ハギスが加わればスコティッシュに、アイリッシュならトーストが重曹を入れて焼いたソーダブレッドになる。ヨークシャーから北では、豚の血と雑穀を混ぜたブラックプディングが登場することもある。

イングリッシュブレックファストは、別名「フライアップ」という。すべての材料を、パンも含めて、一つのフライパンでラードをたっぷり使ってフライしていたからこう呼ばれるのだが、ともかくなぜかくもヴォリュームに溢れ、脂っこく、お腹にもったりするぐらいの料理が、朝食という名のもとに定着してしまったのかということだ。

朝なんだから胃もまだ起きていないだろうし、もっとあっさりすっきり、たとえばオーツ麦のお粥ポリッジ程度でいいじゃないかとも思うのだが（そしてほとんどのイギリス人の朝食はそんなもんで、シリアルなどが主流なのだが）、このイングリッシュブレックファストは別に朝に限って食べるものではなく、店によっては「オールデイブレックファスト」として提供しているぐらいで、朝食というよりもどの時間に食べてもいい、イングリッシュブレックファストという一つの料理だと言っていいぐらいの、しっかりした食事なのだ。

皿の上にはすべてがぎっしりのっているので、当然すべての味が混ざってしまう。むしろそれがまたよい。半熟の目玉焼きにブラウンソースをかけてそこにベーコンを浸して食べたり、ベイクドビーンズの海に刻んだソーセージを溺れさせて頬張る。最後は卵の黄身とビーンズのトマトソースと油とが渾然一体となった皿をバターをたっぷり塗ったトーストでふきとって口に入れ、濃いミルクティーで流し込めば完食だ。

アンドリュー・ドルビーの『朝食の歴史』（原書房、二〇一四年）や、石原孝哉他編著『食文化からイギリスを知るための55章』（明石書店、二〇二三年）など多くの歴史書や解説によると、品数の多い、卵や肉類を調理した朝食を食べるのは、貴族やジェントリーたちが朝にたっぷりとした食事を用意させて腹ごしらえをしてから狩猟に向かったという習慣に由来するらしい。ということは、ブレックファストは労働ではなく娯楽のための備え（?!）、ということになる。ところが、現在まともな「フルイングリッシュブレックファスト」を楽しめるのは、どちらかというと下町のカフェ（コックニーでは「キャフ」）が圧倒的に多いので、なんだか話がややこしい。

大量生産と手作り

ともかく、伝統的なイギリスの朝食と謳われるこのメニューだけれど、その中身を考えてみると伝統をどこまで遡って考えるべきかはなかなか微妙である。朝食をしっかり食べるという習慣自体が一九世紀になってから一般的になったものであり、その一九世紀を通じて起きた産業革命によって階級分断が激しくなった。だから、朝からお腹いっぱい食べないと働けない労働者階級のためにこれだけカロリーの高い中身になったと説明されるようになる。しかし、たとえば本書の9章「ロールモップとキッパー」で詳しく述べるように、一九世紀から二〇世紀にかけての時代になっても労働者階級の朝食はパンと紅茶が基本。それに週に一、二度のベーコンかキッパーがあれば上等というものだった。品数もカロリーも豊富なイングリッシュブレックファストを日常的に食べることなどなかったのである。

そしてトマト、それも焼いたトマト。一六世紀にイギリスに伝播したトマトは、もっぱら観賞用だった。最初は小さな、いまでいうチェリートマト並みの大きさだったが、数々の品種改良を経て「ビーフトマト」と呼ばれる（「ビーフステーキトマト」ともいう）直径二〇センチ前後のものまで誕生した。トマトを栽培したり買ったりすることができたのは貴族や有産階級に限られ、その階級のステイタスシンボル的な意味合いも大きかった。そんな高価なものを誰が毎日食べられるのか。

トマトが市場に出回るようになるのは一九世紀も終盤になってから。もちろん農場での大量生産が可能になったからだが、それでも庶民（the commoner）には高嶺の花だった。第二次世界大戦後の反共政策の主軸としてアメリカからマーシャルプランによる援助を受けたイギリスの経済がある程度復興すると、焼いたトマトを添えた朝食を食べることのできる労働者階級の家庭も増えてきた。だから、いまわたしたちがイングリッシュブレックファストとしてイメージする朝食が一般的になったのは、ほんの六〇～七〇年前のことだと言っても差し支えないのである。世にいう「伝統」など、大体がその程度の時間しかたっていないものの方が多いのだ。

生産ラインが工業化されて大量生産・大量消費が可能になったソーセージやベーコン、缶詰のベイクドビーンズ、これもまた工場生産された白い薄切りトースト、バターやジャムはもちろん工場での生産品で、ホテルやベッド&ブレックファスト（B&B）では、一人用に小分けされたプラスティックの容器入りのものが供されることが大半だ。卵は？鶏小屋のケージに閉じ込められたままの雌鶏から産み出される卵の方が、平飼いやフリーレンジよりも圧倒的に多いだろう。

もちろん、すべてこの大量生産・大量消費の逆を行く原材料から作るイングリッシュブレックファストも可能である。われらコモナーズ・キッチンはほぼすべての食材を生で仕入れ、ほぼ「手作り」でイングリッシュブレックファストを調理した。ベイクドビーンズは乾燥白インゲン豆を水で戻すところから、ベーコンは豚肩肉を塩漬けにしてから燻製した。パンは言わずもがな（わたしたちの一人はパン屋である）。ソーセージだって自家製は可能だし、トマトとマッシュルームも家庭菜園で栽培することはできるし、ジャムだって手作りするのはそんなに難しくはない。バターも、濃いミルクをひたすら撹拌して、手作りバターを用意する。自分で鶏を放し飼いにして新鮮な卵を手に入れることもできないことはない。ただわれらコモナーズ・キッチンは、「わざわざ」できるだけ手作りにしているのであって、普通は土地と、暇と、心のゆとりのある人でないとできない。イングリッシュブレックファストとはそういうメニューなのだ。なのに、一皿の上で加工肉と缶詰が最も堂々と鎮座している食事を、なぜ人はそんなにも愛で、それに価値を置き、「国民的」な文化の象徴であるかのように語るのだろうか。

「本当」のブレックファストはどこに?

反論は可能だ。「昔は」すべて手作りだったと。しかしこの反論の論拠は少し厳しい。イングリッシュブレックファストが「大衆化」したのは、ベーコン、ソーセージ、ベイクドビーンズ、そしてトマトが手軽に手に入るようになってからだし、そもそもそれらが大量生産されなければ、いまの食材がすべて出揃うブレックファストが作れたかどうかも怪しい。さらにまた別の反論も可能かもしれない。「本当」は、そんなお手軽なものではないと。たとえば、「イングリッシュブレックファスト協会」(the English Breakfast Society,

EBS）もそんなことを言いそうな人たちの集まりの一つだが、そのウェブサイトを少し覗いてみるとこのようなことが書いてあったりする。

しかしハッシュドポテトなどは、伝統的なイングリッシュブレックファストにはそぐわないと信じられている。冷凍のハッシュドポテトやフレンチフライは、朝食の皿を満たすための安上がりな代用品として使われているのではないかというのが、私たち協会の見解である。[注1]

確かに、ハッシュドポテトが出てくるのは学生寮かユースホステルの安い朝食というイメージがないわけではない。フレンチフライは言わずもがな。そもそも太切り柵切りのチップスが王道なのだから、長細いフレンチフライなどは……。いや、おそらく問題は「冷凍」ということなのだろう。さらにこのサイトを読んでいくと、こう書いてある。

もし朝食に安く、焼いたのではなく揚げてある、輸入された、冷凍のベーコンやソーセージが含まれていたら、それは本当のイングリッシュブレックファストではない。本当のイングリッシュブレックファストであるためには、イギリス国内の農場やソーセージ業者や肉屋から提供される、ローカルなその地域で生産された原材料でなければならない。しかし、たまたま海外にいるのならばそこで手に入る豚肉でもかまわない。いつも理想の朝食にありつけるとは限らないものだ。

厳格で、偏狭で、排他的にすら聞こえるこの朝食の定義。いやいや騙されてはいけない。これも極めて秀逸な「イングリッシュ・センス・オヴ・ヒューモア」なのだ。「いつも理想の朝食にありつけるとは限らないものだ」。そう、そんな完璧な「本当の」イングリッシュブレックファストなんてもうほとんど無理だよ、わかってるさそんなことは、でもたとえ国外に出ていたって食べたくなってしまうもの、それがイングリッシュブレックファストさね。そういう、ノスタルジックだけれど、失われてしまったと思われているが、かつて本当にそんな物があったかどうかさえわからないような、皆が勝手に作り上げた「伝統」と「理想」を体現するメニューとしてのイングリッシュブレックファスト。そのことを十分わかっていて厳格さを装うドライなユーモアがここから読み取れないだろうか。

いまやイングリッシュブレックファストは、いかにもイギリスらしい朝食を求める外国人観光客向けの「ツーリストメニュー」と化しているのだし、店先の黒板に「オールデイイングリッシュブレックファスト」と書いてあるのは、たとえば香港の、シンガポールの、ジブラルタルの、イビサの、テネリフェの、かつての植民地やイギリス人観光客が多く訪れる安いリゾート地の「イギリス風」パブだったりする。イギリス国内では国外から来る観光客向けに、国外ではイギリス国内から来るイギリス人観光客向けに。なんとも奇妙な運命をたどっているのが、冠に「イングリッシュ」と付いた朝食のメニューなのだ。

それを食べない「イギリス人」

と、ここまでは、イングリッシュブレックファストが誰にでも食べられる、という前提で話を進めてきてしまった。だが、食べられない人たちは、いる。いまどきヴェジタリアンには大豆ミートで作ったソーセージやベーコンはあるが、たとえばイスラム教徒用に特別な処理を施したハラル仕様のベーコンやソーセージは、なかなか見つけるのが大変だ。つまり、原材料の豚肉が問題となるからだ。〈イングリッシュ＝イングランド人〉であることが、豚肉を食えるか食えないかや、宗教的信仰や戒律によって判断されることではなくなった現在、さて、この「イングリッシュ」ブレックファストの賞味期限はあとどのくらい残っているのだろうか。他方で、いやいや、心配いらない、「イングリッシュ」らしさはまだとても魅力的なもので、たとえイスラム教徒だって「イングリッシュ」に倣おうとするものさ、ということを軽妙かつ人情味あふれるかたちで描き出した映画が、ダミアン・オドネル監督のEast Is East（邦題『ぼくの国、パパの国』一九九九年）である。

ラディヤード・キプリングの詩「東と西の歌」からタイトルが採られているこの映画のこうした紹介の仕方は、多少の悪意を含んでいると言われても仕方がない。別に異国のイスラム教徒が熱烈にイングランド人に憧れているということではまったくない映画だからだ。要は、名優オム・プリ演じるパキスタンからの移民を父に持つ兄弟姉妹が、その父に隠れてソーセージとベーコンを食っているという話を紹介したいだけなのだ。パキスタン生まれの父にとってはイスラム的生活が当たり前で、それが移住先のマンチェスターだろうが出身地のカラチだろうが、変わらない。しかしマンチェスターで生まれ育った移民二世の子どもたちにとって、イギリスは故郷であり、自分たちは「イギリス」人である。だからベーコンを食べることに禁忌の感覚はないし、むしろ普通に食える日常的な食べ物なのだ。

だから父の留守を狙ってソーセージを焼いて食べようとするのだが、その焼いた匂いを消すのがまた大変で、ドラマはドタバタ喜劇の様相を呈してくる。時代設定は一九七〇年代初頭。イーノック・パウエル保守党議員が、このままでは「ティベル川がローマ人の血で染まったように」イギリスは移民で溢れてしまうと警告し、エリック・クラプトンが酔っ払ったままステージに上ってパウエルの発言を支持するとクダを巻き、極右の連中が「ユニオンジャックに黒はないんだから、奴らをもと来たところに追い返せ」と叫んでいた頃のことだ。イギリス国内で激しく巻き起こっていた移民排斥と人種差別の様子が、ときに深刻に、ときにコミカルに挿入されている家族群像劇である。

父親のジョージが、もう一つの「イギリス飯」の代表格であるフィッシュ&チップス屋を経営しているというのも実に皮肉が利いているし、フランスやカナダのケベックで公開されたとき、映画のタイトル自体が『フィッシュ・アンド・チップス』に変えられていた。

イングリッシュブレックファストを、それも「フル」で供される一皿を、無邪気に食べることができない〈イングリッシュ=イギリス人〉がいるという単純な事実に直面したとき、「国民的」アイコンとしてのイメージが強い朝食メニューのこれからをどのように考えることができるだろうか。階級と深く関係はするけれども、それとは少し違う基準や原理で人間を区分けする民族や人種が食とどのように関わっているのか。その関わりを「イギリス」という国家と「イギリス人」という国民との関係の中でどのように理解し考えられるのか。メニューを一つ取り上げるごとに、新しい課題をまた一つ見つけていくわれらコモナーズ・キッチンである。

注1　https://englishbreakfastsociety.com

極右政党「国民戦線（National Front）」のデモ行進（1970年代、ヨークシャー）

イングリッシュブレックファスト

材料（2人分）

イングリッシュソーセージ（生のもの）…4本

＊イングリッシュソーセージを使うが、手に入りにくいので、なるべく太さのある生ソーセージを選ぶ。

ベーコン…2枚

トマト…2個

マッシュルーム…4〜8個

卵…2個

ベイクドビーンズ…約400g

食パン…2枚

バター…適量

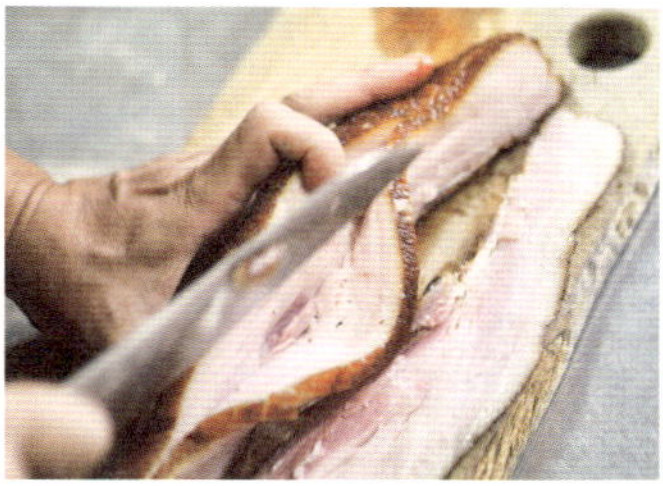

作り方

1　ベイクドビーンズを作る（23ページのベイクドビーンズのレシピ参照。市販の缶詰を使う場合は、小鍋に移して温めておく）。

2　ソーセージにナイフで小さく切り込みを入れる。大きめのフライパンにサラダ油をひき、中火で焼く。

3　ソーセージの表面が焦げるぐらいになってきたら、フライパンにベーコンを加えて弱火にする。ベーコンも厚切りの大きなサイズのものを！

4　マッシュルームは小さいサイズのものならそのまま、大きいサイズのものは横半分にスライスする。トマトは横半分にスライスする。それぞれ**3**のフライパンに入れて弱火のまま焼く。

5　目玉焼きを作る。別のフライパンにサラダ油をひき、中火で熱しておく。そこにボウルに割り入れておいた卵をそっと流し入れ、弱火で5分ほど焼き、半熟のうちに火を止める。

6　食パンをサンドウィッチ用ぐらいに薄くスライスしてトーストし、バターをのせる。

7　大きめの皿に、ソーセージ、ベーコン、マッシュルーム、トマト、目玉焼きを盛りつけ、ベイクドビーンズをたっぷり添えてトーストとともに食卓へ。

8

ジェリードイールとミートパイ

下町の香りの今昔物語

ゼラチンが固め、パイが包むもの

ウナギをぶつ切りにして塩味のスープで煮込んでから冷まし、ウナギの身自体から出るゼラチン質で固めて「煮こごり」のようにした食べ物と、牛肉のミンチをブイヨンで煮込んだものをパイで包んだ食べ物をなぜ二つセットで語るのかといえば、もともとパイの中身はウナギだったのだが、乱獲や水質汚濁でウナギの漁獲高が激減し値段が高騰したため、それを安いひき肉で代用するようになったという経緯があるからである。そのため、ジェリードイール（ウナギのゼリー寄せ）とミートパイ（以下パイ）は、いまでも同じ店で作られ売られ食べられている。

双方とも元来はストリートフードである。ジェリードイールが店に入って座って食べるものになったのは一九世紀に入ってからで、それまでは、そして一部ではそれからも、アサリやカキを売る海鮮屋台で売られていた。パイの方は「パイ・マン」と呼ばれた売り子が歩いて売っていた。

ウナギのゼリー寄せはイースト・エンド（ロンドン市街地東部）のテムズ河畔の食べ物、ということになっている。かつてテムズ川には、ウナギがうじゃうじゃいた。だから産業革命が始まり造船所や倉庫街、船の荷降ろしで働く肉体労働者人口が増えてきたイースト・エンドでよく食べられるようになった。

ところが、労働者階級を生み出した産業革命によるテムズ川の水質汚濁とロンドンの人口急増のせいで、当のウナギが激減してしまう。それでも労働者階級の食べ物というイメージが染み付いたこのウナギ料理は死滅しなかったし、いまもしていない。ウナギはアイルランドのネイ湖やオランダから輸入されるようになり、往時ほどではないにせよ、現在も一定量は作られ、スーパーマーケットでも買うことができる。

とはいえ、現在のロンドンには、ウナギのゼリー寄せを作っている店舗はもう二軒しか残っていないという。いまではパイの方が圧倒的に消費されているし、店もそっちがメインであることを隠そうともしない。ウナギはレアなノスタルジーを醸し出す食材になってしまったが、そういうものであるからこそ、一部に熱狂的なファンがいることも確かである。

というのが、ウナギのゼリー寄せを教科書的に理解するときの、間違ってはいないがあまりにも典型的なストーリーである。

ただ、このような理解はまだマシな方で、その食べ物はイギリスでもほとんど「ゲテモノ」扱いされているというのが実情である。昔の人が食べた、あるいは昔を懐かしむ人が食べている気味悪い（disgusting）もの。似たような扱いを受けている食べ物として、スコットランドにはかの有名なハギスがある。単純な比較は禁物だが、日本でいえば、クサヤに鮒ずし、ホヤに蜂の子。人によっては納豆だってそうだろう。世にゲテモノと呼ばれるものは多々あれど、ゲテモノとは、その気味の悪さからしかめっ面でディスられる対象であると同時に、味への探究心と舌の感度が試される対象でもある。「こんなに美味しいのに、わかってないなあ」と。

ただ、ウナギのゼリー寄せが面倒なのは、他の「イギリス」料理のどれよりも、そこに産業階級という極めて都市的な条件が強固に埋め込まれていることである。決して豊かではない、下層階級の人たちが集住して生きる地域で好まれる、洗練さや清潔感とは程遠いが、ノスタルジーと共同体意識に溢れた食べ物。イメージとしては、「じゃりン子チエ」のホルモン焼が近いかもしれない。

ウナギとギャング

ゼリー寄せにはモルトヴィネガーをかけて食べる。しかし、ウナギをただ塩水で煮込んだだけのウナギのシチュー「ホットイール」(stewed eelsとも呼ばれる)には、塩味のブイヨンに大量のパセリをぶち込んで小麦粉でとろみをつけた「リカー」をかけて食べる。アルコール度数の高い蒸留酒を指す'liquor'と同じ綴《つづ》りであるが、この場合は「煮汁」を意味する。このリカーをたっぷりかけたウナギの煮込みには、マッシュドポテトが添えられる。

脂分が少なく味の繊細なニホンウナギで作れば、どちらも美味い。われらコモナーズ・キッチンの舌がそう言うのだから、間違いない。しかし、ロンドンで食べられているヨーロッパウナギで作っても、実は美味いのだ。ホクッと柔らかい蒸しウナギとはまったく違う食感。身に弾力があって肉々しく、噛むと魚の旨味が口の中に広がる。最近では唐辛子入りのヴィネガーをかけて食べるのが美味いとされているみたいだが、確かに酸味と辛味を足すことで、どこか泥臭い香りが味のアクセントになってちょうどいい「フレーバー」となる。レモンをかけても、もちろん美味い。

「臭《にお》い」と「香り」は紙一重だ。同じ化学成分でも、食べる人、嗅ぐ人の官能力や環境や社会条件（温度、湿度、空間設定や誰と食べるか）によってどちらに振れるかが変わってくる。フィッシュ&チップスもかつては「臭《くさ》い」と敬遠されていたことは、本書でも触れた（2章「フィッシュ&チップス」）。魚や肉を口に入れて「まったく臭味がない！」と感嘆している食レポを見るたびに幻滅する。それは「香りがしない！」ということとほぼ同義だからだ。「香り」のない食べ物は味がないのと一緒。よくもまあ自分の味覚の貧しさを公共の電波に載せて恥ずかしくないものだ、と逆に感心させられる。

それはともかく、いつの頃からかロンドンの「古き良き労働者階級」の生活に結び付けられ、イーストロンドン名物として語られるようになったウナギのゼリー寄せだが、少し歴史をひも解いてみれば、別にロンドンの専売特許というわけではなく、ロンドン以外の都市の市場や娯楽施設に立つ屋台でも売られていたものだったことがわかる。

戦間期のバーミンガムを舞台に、第一次世界大戦に従軍したトラウマを抱えたまま市民生活に戻れない若者たちからなるストリートギャング組織の「活躍」を描くBBC制作のドラマ『ピーキー・ブラインダーズ』は、二〇一三年の放送開始以来、イギリスで絶大な人気を誇っているが、Netflixが世界中で配信しているから、本書の読者であれば視聴しているという人も少なくないのではなかろうか（なおテレビ放送は二〇二二年のシーズン六で終了となったが、二〇二四年には「完結編」となる劇場版の制作が始まっている）。

ドラマの主人公トミー・シェルビー（キリアン・マーフィー）率いるシェルビー・ファミリーには実在のモデルたちがいる。バーミンガムのある西ミッドランド地方の週刊紙『ブラック・カントリー・ビューグル』（二〇一九年六月一九日）の記事で、コラムニストのガイル・ミドルトンはそうした「ほんもののピーキー・ブラインダーズ」と付き合いがあった大伯父のハリー・ホーキンスの思い出話を披露している。

ミドルトンによれば、このハリーの家族は市場の屋台でジェリードイールを売る商売をしており、少年時代のハリーは、その家業を手伝っていたというのだ（その後ハリーは「ノミ屋」の使い走りとなり、賭博が合法化されてからは自身で賭け屋を営むようになる）。ハリーはそのウナギ料理はとても美味しいものだったと語っていたらしいのだが、ミドルトン自身は「言うまでもなく、私と妹はそれを真に受けなかった」と、この点に関しては大叔父の証言をにべもなく否定している。また彼は、大伯父が好物にしていた、牛や豚の「小腸や胃袋、豚足」にも食欲をそそられることはなかったと書き添えている（やはりウナギのゼリー寄せと「じゃりン子チエ」のホルモン焼はいい比較対象なのだ）。

このハリー少年のホーキンス家はつい最近までウナギのゼリー寄せを売る屋台を経営していたと、バーミンガムの歴史愛好家たちが作るウェブサイトに載っていた。[注1] バーミンガムで食べられていたウナギも、アイルランドかオランダからの輸入物だろう。しかしひとまずウナギは、イーストロンドンという呪縛からは解かれるべき食べ物だということが確認できた。実は現在でもそうらしい。二〇一三年の「オブザーヴァー」紙の記事は、大手スーパーチェーン・テスコの担当者によるとウナギのゼリー寄せがイギリス全土で徐々に「復権」しているようだと伝えている。[注2]

イースト・エンド名物?

それはともかく、こういうものを食べさせる店が多いロンドンのイースト・エンド。そもそもイースト・エンドとはどこからどこまでのことだろうか。詳しくは左の地図を見てもらうことにして、地理的方角は確かにロンドン市街地の東側だが、むしろもっと心象地理に近いのが実情ではないだろうか。下町、労働者階級の街、かつて荒れていたが近年ジェントリフィケーション(街並みの中産階級化)の進むところ。デイヴィッド・リンチ監督の『エレファント・マン』の舞台であり、かの切り裂きジャックが女性たちを恐怖におとしいれた街。

ロンドンの下町アクセントを身につけた人たちはコックニーと呼ばれるが、そう呼ばれるためにはセント・メアリー・ル・ボウ教会の鐘の音が聞こえる範囲で生を受けなければならないという。ところが実際この教会に行ってみると、意外にもロンドン中心部に近く、かのセント・ポール大聖堂や金融街シティーの間近であることがわかる。

イギリスBBCのアーカイヴにある「イギリスの味、人々の声 (Taste of Britain)」という番組(一九七五年放送)が、YouTubeで視聴できる。その中でウナギのゼリー寄せを売っている男たちがインタヴューを受けているのだが、その場所は明らかに、多くの観光

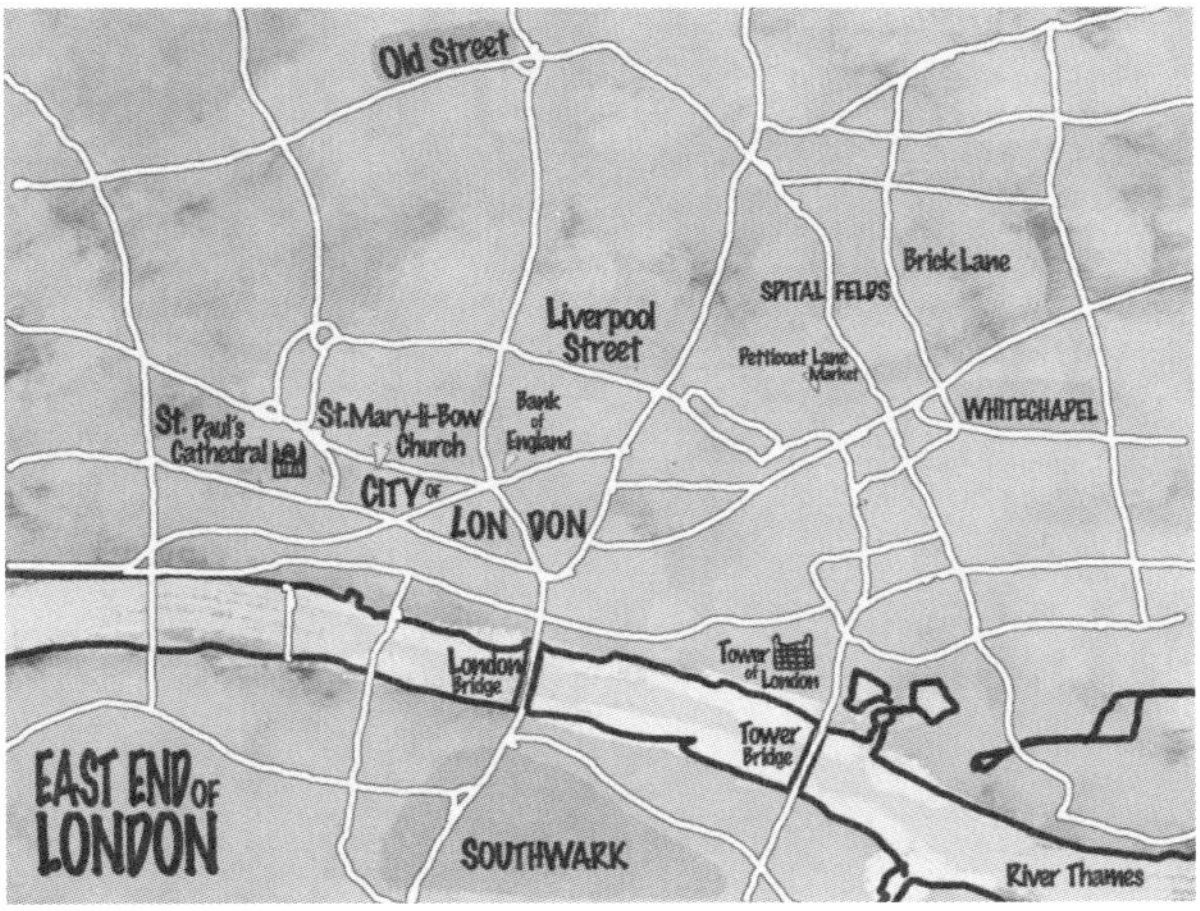

ロンドンのイースト・エンド

客が訪れるロンドン塔の敷地の中なのだ。その向こうに見えるタワー・ブリッジよりも西側であり、現代の感覚でイースト・エンドとして想像される範囲よりもはるかにロンドン中心部に近いところである。

現在リヴァプール・ストリート駅があるあたりから東はホワイトチャペルあたりまで。南は当然テムズ河畔まで。北はオールド・ストリートの大きなラウンドアバウト周辺まで。二キロ四方程度の範囲に、かつてはテネメントと呼ばれるレンガ造りの安普請の住宅が並び、貧困と犯罪の巣窟として社会改良政策の標的となった。いわゆるスラムだ。イギリス社会学の祖とされるチャールズ・ブースが一八八〇年代に行ったいわゆる「貧困調査」はこのエリアの世帯の家族形態や生活実態をしらみ潰しに調べたものだった。
もう一つ、「グランド・グルメ　ヨーロッパ食材紀行」という、NHKのBSで二〇〇〇年六月に放映され、以降も再三再放送されている番組の、ロンドンのウナギを扱った番組がある。そこに登場するウナギを愛する元港湾労働者のジム・スミスが息子や孫たちと通うパイの店は、一九二七年にペッカムに開かれた。そう、本書1章「ベイクドビーンズ」でも触れた、南ロンドンの街だ。そこから少し引用しよう。

二〇世紀初頭のペッカムは、テムズ川南岸の倉庫街や船舶関係で働く労働者の家族が多く住み、そのため社会改良主義者による実験的な住宅システムが導入されたりした、ロンドン郊外の一地域にすぎなかった。それが戦後の労働力不足を補う移民推進政策によってやってきたカリブ系の人々が集住するようになり、いまでは居住者の半分以上をカリブ系やアフリカ系住民が占めるようになっている。そんな現在のロンドンの地理的・地政学的感覚をもってすると、混乱する人もいるかもしれない。いつのまにか安い食べ物の代名詞となったベイクドビーンズが当初ピカデリーのあのきらびやかな店舗で売られていただけではなく、その生産拠点が現在カリブ系やアフリカ系の人々が多く住むあのペッカムにあったのだから。

（本書二〇頁）

廉価な食品の代表格であるベイクドビーンズが、かつては高級食材店フォートナム＆メイソンの看板商品で、その工場がペッカムに作られたというくだりだ。厳密には「イースト」ではないペッカム。当然セント・メアリー・ル・ボウ教会の鐘の音はそこまで聞こえない。

何が言いたいかというと、別に通天閣が見えなくても「じゃりン子チエ」に出てくるようなホルモンを食べていたのだし食べてもいいのだし、下町のソウルフードは地理に限定されないということなのだ。特定の食べ物が特定の地域に密接に結び付けられるのは、むしろ後付けなのではないだろうか。その地域の歴史やイメージに合うように食べ物の起源自体がいわば「捏造」される。そう、「創られた伝統」というやつだ。

ウナギが食された痕跡はポンペイの古代ローマ遺跡からも発見されているし、サルディーニャ島の街カリアリの名物料理の一つにウナギのパイもある。もちろん時代が変われば、ウナギ自体の価値も大きく変わってくるのだけれど、どこかの街の名物料理というものは意外と歴史も浅く、別段その街だけで食べられているというわけではないのではないか。むしろ、どのようにウナギのゼリー寄せがロンドン・イースト・エンドの名物として語られるようになり、みんながそれを疑わないようになったのか。そこを知る方がおもしろいのではないか。

もちろん名物料理があってもいいのだけれど、それをどこか特定の街の特定の地域に専有させて、そこの私有物や財産であるかのように語り続けてしまうのが、なんとなく気持ちが悪い。われらは「コモナー」なので、私有よりも共有を、財産化よりも再分配を求めてしまうのだ。そもそもウナギはオランダから来ているのだし、イギリスの内部で完結する話でもなかろう、と。イギリスのEU離脱でヨーロッパ大陸からのウナギの輸入は激減している。ヨーロッパウナギはワシントン条約による国際取引規制の対象となっているからだ。輸入量の減少が見込まれる中で、イースト・エンドのソウルフードはどうなってしまうのだろうか。

「パイをよこせ！」

さて、ウナギに取って代わった牛のひき肉を詰めたパイだが、中身をぎっしり詰め込むポークパイとは異なり、パイと詰め物の間には隙間ができ、手でつぶすとぺちゃんこにな

現存する最古のイール・アンド・パイ・ショップ M. MANZE（タワーブリッジ・ロード店、1892年創業）

ることが特徴だ。ストリートフードとしての食べやすさと値段の安さは、パイをイギリス中のサッカースタジアムで食べられる象徴的な食べ物にした。ホットドッグでもハンバーガーでもなく（もちろんそれらも売ってはいるが）、パイなのだ。

サッカー観戦のお供としてあまりにも当たり前になったパイなのだが、いつの間にかパイはサッカーの興奮や熱狂、楽しみを表す隠語となった。「パイをよこせ！」といえばそれは、「わたしたちにも楽しませろ！」という意味になった。まあ、「パイを分ける」という意味では分け前をよこしなということで通常でも使われるから、それほど違和感はないだろう（もちろん麻雀の牌との掛詞もある）。

まだスタジアムでは立ち見席が普通で、サッカーが「労働者のバレー」と言われ安価な土曜の午後の娯楽だった頃、子どもたちにとってパイはそこに行かなくては食べられない特別な食べ物だった。、日本のお祭りのイカ焼きのようなものだ。哲学者のサイモン・クリッチリーによると、「サッカーとはとどのつまり匂い」、だという。[注3]「群衆の、トイレから漂う小便の、ボヴリルというビーフ味のペーストの、タバコの、そしてミートパイの」匂い。これもまたノスタルジーだ。しかし、強制的にそう感じさせられるようになってしまった類いのノスタルジーだ。

一九九〇年代以降、ジェントリフィケーションは街だけではなくサッカー場もまた大きく変えた。ブリュッセルのヘーゼルスタジアムやシェフィールドのヒルズバラスタジアムでは、群衆をコントロールできない警察の怠慢とそれによって引き起こされた大事故によって多くの死傷者を出してしまった。クラブ経営の商業化路線とＦＩＦＡ（国際サッカー連盟）やＵＥＦＡ（欧州サッカー連盟）によるグローバル資本との結託は選手の年俸を高騰させ、それを補うためにチケットの値段を上げざるをえないクラブ側の事情によって、経済的に豊かではないファンを観戦から遠ざけた。「安心・安全」なスタジアムでサッカーを見られるのは、もともと「安心・安全」な生活を営めている富裕な中産階級以上の人たちだけになってしまった。匂いもせず清潔で、企業接待向けの席を多く備えたスタジアムを作らなければ、試合をする認可が下りなくなった。サッカーはもはや、少なくとも経済的な観点からは、「労働者のバレー」ではなくなってしまったのだ。

なぜ労働者階級はサッカーから遠ざけられてしまったのか。自分たちはどこで何を間違えたのか。「権力、腐敗、パイ（Power, Corruption and Pies）」。イングランドのサッカーサポーターが自分たちで作った小冊子（Zine）の『土曜日が来ると（When Saturday Comes）』に掲載された文章のいくつかを抜き出して作ったアンソロジーのタイトルである。マンチェスターのポストパンクバンドであるニュー・オーダーによる一九八三年のアルバム『権力、腐敗、嘘（Power, Corruption & Lies）』（邦題『権力の美学』！）をもじったものだ。

資本の権力に収奪され、あまりにも金まみれのサッカーにあって、パイもまた虚飾に満ちたかりそめの食べ物に成り下がってしまったのか。せめてパイだけは「美しいゲーム」の象徴として残したい、どうか残ってほしいという願いも込められたこのジョークがどの世代にまで通じるのか、カフェラテを片手にマフィンを食べながら観戦する若者を見て、おじさんサポーターはそっと下を向くのだろう。

注1　https://birminghamhistory.co.uk/forum/index.php?threads/hawkings-jellied-eels.13305/
注2　https://www.theguardian.com/lifeandstyle/2013/nov/09/jellied-eels-cockney-tesco-food
注3　https://roadsandkingdoms.com/2014/working-class-ballet/

ジェリードイール

材料（4人分）

活ウナギ…２尾
レモンの搾り汁…1/3カップ
パセリ…適量
モルトヴィネガー…適量

A
- タマネギ…1個
- セロリ…1本
- 黒胡椒…8粒
- ナツメグ…少々
- ローリエ…3枚
- 塩…適量
- モルトヴィネガー…1/3カップ
- 水…600ml

作り方

1 ウナギは仮死状態になるまで、氷水につける。

2 まな板になるような板にウナギの頭をキリなどで打ち付けて固定してから、包丁で腹を開いて内臓を取り出し、頭を落とす。

3 流水できれいに洗ってボウルに入れ、60℃ほどの湯をさっとかける。湯をかけることでウナギの皮のヌメリがゼリー状になるので、それを包丁でそぎ落とす。

4 骨ごと5cm幅のぶつ切りにしてボウルに入れておく。

5 材料Aのタマネギ、セロリを粗く刻み、残りの材料とウナギの切身をすべて鍋に入れ、軽く沸騰したら弱火にして30分煮る。火を止めてレモンの搾り汁を入れる。

6 鍋からウナギを取り出して、重ならないようにバットに並べ、5のスープを濾しながらウナギが浸るぐらいまで注ぐ。

7 粗熱がとれたらバットにラップをかけて一晩冷蔵する。時間が経つとウナギのゼラチン質がスープに溶け出し、ゼリー状となる。

8 バット全体がゼリー状になっていることを確認して、ウナギをゼリーとともに皿に盛りつけ、みじん切りにしたパセリを散らし、モルトヴィネガーとともに食卓へ。

ミートパイ

（パイ焼型10cm×4個分）

パイ生地の材料
薄力粉…250g
強力粉…250g
バター（無塩）…250g
塩…10g
卵…3個（1個は溶き卵用）
冷水…60ml

リカーの材料
フレッシュパセリ…2束
小麦粉…50g
バター…50g
スープストック…600ml
モルトヴィネガー…適量
塩…適量
黒胡椒…適量

ミートパイのフィリング材料
牛ひき肉…250g
タマネギ…1個（大）
ニンジン…1/2本
スープストック…200ml
薄力粉…大さじ1
塩…適量
コリアンダー…小さじ1
ナツメグ…小さじ1/2
黒胡椒…適量
炒め油…適量

ミートパイのフィリングを作る

1　タマネギとニンジンをみじん切りにする。
2　フライパンに炒め油をひき、中火でタマネギをきつね色になるまで炒める。
3　ひき肉、ニンジンを加え、火が通ったら塩、黒胡椒、スパイスを入れ、さらにスープストックを注ぐ。
4　ふるった薄力粉を入れ、弱火で20分ほど水分を飛ばしすぎない程度に煮込み、常温で冷ましておく。

パイ生地を作る

1　卵2個を溶きほぐし、冷水と合わせて冷蔵庫で冷やしておく。
2　大きめのボウルに小麦粉をふるい入れ、バターを加えてスケッパーなどで細かく刻み、さらに指先でバターと粉を手早くすり合わせてサブレ状（細かい砂粒状）にする。
3　**1**の卵液を加え、生地がざっくりまとまるまでスケッパーで手早く混ぜる。このとき生地はぼそぼそで、ひとかたまりにならなくてもよい。
4　生地をラップで包み、ラップの上から麺棒で2cm前後の厚さに平たく伸ばし、冷蔵庫で1時間ほど休ませておく。パイ生地は冷蔵庫で3日間保存可能。

ミートパイを焼く

1 打ち粉をした台に生地を取り出し、麺棒で5mmの厚さに伸ばす。
2 抜型などを使い下記の要領でパイ生地の底と蓋を抜き出す。
A：焼型の底の直径10cm＋側面の高さ（3cm×2）＝16〜17cmの円形4枚
B：蓋用に、直径10cmの円形4枚
3 パイ焼型にバターを塗り、Aのパイ生地を敷き込み、フィリングを詰める。
4 パイにBの蓋をかぶせ、はみ出した生地を蓋の方にフォークで押しつけ本体と蓋をしっかり留める。表面に溶き卵を塗ってからフォークで空気穴を数ヶ所あけておく。
5 予熱したオーヴンに入れ、220℃で20分ほど黄金色の焼き色になるまで焼く。

リカーを作る

1 パセリをみじん切りにする。
2 鍋にバターを入れて弱火にかけ、バターが溶けたら小麦粉を加え、手早く混ぜながら1分ほど炒める。
3 スープストックを少しずつ混ぜながら加え、とろみがついたらみじん切りにしたパセリを加えて塩、黒胡椒、モルトヴィネガーで味をととのえる。リカーの仕上がりはもったりした状態というよりも、スープにとろみがついたぐらいの感じでよい。

＊大きめの皿にミートパイを取り分け、マッシュポテトを添えて、リカーをたっぷりかけてできあがり。

9

ロールモップとキッパー

巻かれて燻される「春告魚」

「銀のダーリン」、ニシン

続けて魚料理である。理由は単純で、イギリスでも魚をよく食べるからである。黒潮の恵みに与れない北国ゆえ食べられる種類は少ないが、それでも、魚はよく食べられる。フィッシュ&チップスの国だと言われているのだから当たり前なのだが、この当たり前がなかなかイメージされにくいようである。

まずはロールモップ。ただの酢漬けニシンではない。コショウ、コリアンダーの種やフェンネルの種などのスパイス、ディルやローリエの葉などのハーブの香りを移した酢に漬けたニシンで、キュウリのピクルスやタマネギなどを巻いた料理である。スコットランドを含めたブリテン島北部でよく食べられるこのニシン料理は、特段「イギリス的」というわけではない。オランダやスカンディナビア諸国、ロシアでもよく食べられるし、なにより、酢漬けニシンにキュウリやタマネギを挟んでロールする食べ方を編み出したのは、ドイツ人だった。

イギリスとドイツは仲が悪いということになっている。二つの世界大戦で敵同士となり、一九六六年のサッカーW杯ではイングランドと(西)ドイツが決勝を戦い、イングランドが勝利した。ドイツとの試合で「二つの大戦、一つのW杯!!」と高らかに歌うのは、イングランドのサポーターたちだ。ところが、現王室も元をたどればドイツから迎えられたわけだから、別段両国を敵対させれば面白いというわけでもないのだが、ドイツ人が編み出した、ニシンの切り身をただ酢漬けにするのではなくわざわざロールするスタイルを、イギリス人が好むのはどういうわけなのか。

なにより、食べやすさの追求。つまようじでニシンと野菜を突き刺したままテーブルに出せばナイフもフォークもいらない。そのまま口に運べばよい。ニシンの大きさにもよるが、簡単なおつまみとしてはとてもよくできている。なかには、せっかく巻いてあるものをほぐしてニシン、キュウリ、ニンジン、タマネギと分けて食べる人もいるようだが、肉厚で脂の乗ったニシンを使ったロールモップは魚の甘みを引き立たせる酸味と相まって、ビールやバターをたっぷりと塗った黒パンにぴったりで、美味いのだ。

では、北ヨーロッパではなぜにニシンなのか？　答えは簡単で、昔からやたら捕れたからである。バルト海、北海、アイルランド海などの北大西洋海域では、「銀のダーリン」と呼ばれるほど富を生む海産物だった。ニシンは「都市を形成し、人々に食料や仕事を与え、戦争の原因となり、いくつもの協定を生んできた」という（キャシー・ハント『ニシンの歴史』龍和子訳、原書房、二〇一八年、八頁）。

コペンハーゲンやアムステルダムはニシン漁の基地として都市が作られ、漁師や船主、投資家という分業体制が作られると、漁師や陸上げされたニシンを運搬したり加工処理したりする労働者の組織が作られた。売り手は同業者組合（ギルド）を組織した。ニシンという原料を加工し、商品として販売し、その商品を流通させ、さらなる漁獲量を目指して売上を投資する。ニシンは、資本主義の原型を作り上げたとも言えそうだ。似たような事情は日本でも見られ、主に鰊粕《にしんかす》の生産と流通、取引のシステムの形成が、ヨーロッパからの影響のないところで独自の資本主義を作り出したという研究もある（デイヴィッド・L・ハウエル『ニシンの近代史——北海道漁業と日本資本主義』河西英通・河西富美子訳、岩田書院、二〇〇七年）。

階級と食の関係を解き明かそうという「コモナーズ・キッチン」の目的に、これほどぴったり来る食材もない、ように映るかもしれない。ところが、ロールモップはなかなか登場しないのだ。文学作品や映画などに、ニシンは登場しても、それを酢に漬けて丸く巻いた食べ物はなかなかお目にかかれない。一八世紀にはジョナサン・スウィフトやロバート・バーンズが詩に詠んでいるが、彼らのニシンは酢漬けでもロールされたものでもない。

塩漬け、酢漬け、キッパー（燻製）。イギリスでの食べ方はほぼこの三種類だ。キッパーなどは貴族の朝食にさえ頻繁に登場するものなので、マーマレードと同じように、食べる階級によってニシンの品質が異なるだろうということは想像できる（本書6章参照）。しかし、二番煎じのケースをはじめに紹介しても面白くはないから後にとっておくことにしよう。ニシンをどのように食べるかということではなく、あくまでもロールモップの話にしなければいけないのだが、果たしてイギリスの労働者はロールモップなど食べていた／いるのだろうかといぶかしく思えて来るほど、叙述が見当たらないのだ。

シェイクスピア時代の下層階級文化

ロールモップがなかなか見つからないので、必ずしもロールしていない酢漬けのニシンを探してみる。すでに述べたように、ロールするのは一九世紀後半のドイツが発祥だというのだが、塩と酢で保存加工したロールしていないニシンはずっと前から食べられてきた。なかでも興味深いのは、一六世紀から一七世紀にかけて生きた劇作家シェイクスピアの時代かもしれない。ロンドンの庶民の、それもかなり低階層の食べ物だったニシン。生魚など上流階級でも滅多に口にできないし、肉だってせいぜいベーコンが関の山のような食生活を送るのが普通だった庶民にとって、（塩漬け酢漬け）ニシンは欠かせないタンパク源だった。

シェイクスピア時代のロンドン、特にテムズ川沿いの人口密集地域（南岸のサザーク地区あたりを指す）は、上流階級から見れば足を踏み入れるべきではない貧民街であり、安く有り余っていたニシンはその地域やそこに暮らす人々と結びつけて考えられていたようだ。グローブ座が建てられた場所がまさにサザークなのである。ロザムンド・パイスという文学史家によると、ニシンは特に港での荷降ろしや造船所などで低賃金肉体労働に従事する下層階級の男性イメージと密接な関係にあり、しばしば野卑で猥雑なスラングに登場したという。[注1] たとえば当時、「産卵直後のニシン（shotten herring）」といえば売春宿で遊び疲れた様子を指すだとか、どこにでもいそうで紳士らしくない平凡な振る舞いしかできない男を「ピクルスにしたニシン（pickled herring）」と言ったそうな。

もう一つニシンから連想される下層階級文化がある。アルコールの摂取、特にエールとエールを飲ませる「エールハウス」（パブの原型の一つ）だ。本書5章の「ローストビーフ」でも登場したウィリアム・ホガースが描いたロンドンの貧民街の飲み物はジンだった。それは一八世紀になってからのお話。一七世紀初頭、シェイクスピアたちにとって最も安価で手に入るアルコール飲料は、エールだった。すでに一五世紀にはオランダからホップが入ってきて栽培も始まっていたがまだ高価で、下層階級の口に入るエールはほぼタイムなどのハーブとマスタードシードのような安価な香辛料で苦味をつけていた。炭酸ガスによって樽の上面に酵母が押し上げられて発酵する上面発酵のため短期間で醸造できるエールは、紅茶が大量に輸入されるようになる一七世紀半ばまで庶民にとって最もポピュラーな飲料だった。

それを飲ませるエールハウスこそ、それもサザークのような地区のエールハウスこそが、日銭を使い果たすような労働者たちだけではなく、ならず者やくざ者、世間の鼻つまみ者がたむろする場所であり、潜在的な犯罪者予備軍の巣窟であり、場合によっては売春宿にもなる場所だった。要するにニシンも下層労働者も、取るに足らない、置き換え可能な、掃いて捨てるほどいる、「資源」ということだ。食用ではなく肥料のための鰊粕としての利用が大半を占めたかつての日本の状況などまさにその通りなのだが、それはまた少し別の話である。

まだ工場制手工業から蒸気機関の開発応用による産業革命を経た分業体制ができておらず、明確な階級が分けられていなかったシェイクスピアの時代。しかし当然、自分の肉体と時間しか使えるものがない労働者はたくさんいたわけで、別に資本主義の市場経済が整っていなくてもそういう人口は一定数必要だった。必要なのに蔑《さげす》んだり揶揄したり、ないと困るのに手を触れたりそれに固執したりすることは浅ましいとされる。まるで、貨幣と同じではないか。この「銀のダーリン」は、銀鱗輝くその姿自体が価値を持つものとして眺められていたのかもしれない。

話を元に戻そう。上流階級や富裕市民が下層階級を「ニシン」というレンズで眺めていたことはわかる。イギリスで昔から食べられている魚は、他にもサケ、マス、タラの類、イワシの仲間であるピルチャードやテムズ川沿いならばウナギ。その他いろいろあるけれど、なぜ社会の「分断」を象徴する魚がニシンになってしまったのかといえば、それはやはりやたら捕れたからだろう。キリストが磔にされたのが金曜だったから、その日は肉を食べずに節制するという意味で、金曜に魚を食べるのはカトリック的だとされてきたイギリスの食の歴史を通じて、ニシンも含めた魚たちがそれほど優遇されてこなかったのは事実である。いまやニシンはほとんどオランダとノルウェーからの輸入に頼っている。

大手スーパーで売られている瓶詰めやタッパー詰めのロールモップ自体が、すでに加工されたものの輸入品である。魚に国境はないとは言うものの、イギリス国内で生産されるロールモップの数はぐっと減るだろう。フィッシュ&チップスの店に行くと必ずあった、卵のピクルスが入ったガラスのジャーが徐々に姿を消しているという。同じように、ガラスケースの中に置かれた白いプラスティックのタッパーに入れられていたロールモップも、次第に消えていってしまうのだろうか。

さて、キッパーである。食感や身離れ具合で言うとホッケの干物に近いが、もっとスモークがきつく香ばしい。それは単に天日干しではなく、スモークハウスと呼ばれる燻製小屋で作られるからだ。少しほぐして醤油をかければ、白米の立派なお供にもなる一品である。キッパーという名称はもっぱらニシンの燻製に使われているものだが、この言葉自体は開いた魚を塩水に漬けてから燻《いぶ》すという意味の動詞なので、別段ニシンに限定する必要もないはずだ。だが、いつの間にかサケでもマダラでもコダラでもなくニシンの燻製のみを指すようになったのは、やはりニシンがやたら捕れていて燻製にしやすかったからだ。

一八四三年、編集長をしていた「ライン新聞」をプロイセン政府の検閲によってつぶされたカール・マルクスは、六年後の一八四九年にロンドンへの亡命を余儀なくされた。この年、イングランド東北部ノーサンバーランドのジョン・ウッジャーなる魚屋がサケを燻製する方法を応用してニシンのキッパーを「発明」したという。[注2] それは産業革命がその頂点に達しようという時代。その製法はニシン漁の基地となっていた各地の港町に伝わり、爆発的に増える都市の労働者階級の腹を満たすタンパク源として欠かせないものとなった。いまでもウィトビーやグレート・ヤーマスなどのヨークシャー東北部の港町は、スコットランド西海岸のマレイグなどと並びキッパーの生産地として名高い。

グリル、オーヴンでのベイク、バターや牛脂でフライにするなど食べ方はいろいろとあるが、大きめのジャーにお湯を入れてそこにキッパーをまるごと入れ、一〇分ほど置くというやり方もある。取り出して水気を切り、バターかマーガリンを落としてトーストとともに、ときにはポーチドエッグをのせて、基本的に朝食に食べる。かの名優ローレンス・オリヴィエ卿はキッパーが大好きで、ブライトンの自宅からロンドンのスタジオでの撮影に向かう朝の列車の食堂車でキッパーを頼んだところあいにくメニューにはなく、文句タラタラ（ニシンではなく）だったとか。[注3]

ニシンはどこへ行ったやら

一方で、食堂車などに縁のなかった労働者階級の家庭にとって、キッパーは毎週金曜日に食べる魚、それも朝食ではなく夕食（サパー）でほぼいつも食べる魚の食材だったようだ。『民衆の生活』というイギリス民族学の雑誌に「一九〇〇年における労働者階級の食と料理法」という論文が載っている。[注4] 一九世紀末から二〇世紀初頭にかけて、イギリス各都市の貧困地区の生活実態を改良していこうという社会改良主義に導かれたいくつもの調査を参照しながら、労働者階級の貧困と食生活との関係を描き出したものだ。

この論文の中で、チャールズ・ブース『ロンドン民衆の生活と労働』やジャック・ロンドン『どん底の人びと』と並んで当時のスラムを調査した代表的なものとして、イングランド北部ヨークの街の二四の貧困家庭の様子を調査したベンジャミン・シーボーン・ローントゥリーなる人の『貧困——都市生活の研究』が紹介されている。[注5]彼はブースとも交流のあったクェーカー教徒の慈善事業家ジョセフ・ローントゥリーの息子で、生涯三度にわたってヨークのスラム街を調査してロイド・ジョージ内閣に政策提言も行った自由党支持者だった。

一九〇一年に出版されたこの本は、ロンドンにあるウェルカム財団のデジタルアーカイヴで読むこともできる。そのあるページに、夫、妻、子ども二人、週あたり当時の一ポンドの収入があるD家の一週間分の献立表が掲載されている（表1参照）。メインの食事（ディナー）を毎日昼に取り、水木金は夕食なしだった。土曜の昼に給料をもらうと、その夜にはキッパー、パン、紅茶の夕食を、翌日曜日は肉を食べることができた。金曜日の「フィッシュサパー」の習慣に、保存食であり廉価なキッパーはうってつけだったが、それでも給料日の後ではないと食べられなかったのだろう。

また別のR家（夫、妻、子ども五人の七人家族で週の収入は一七シリング六ペンス）は、キッパーとブローターを両方食べている（表2参照）。ブローターもまたニシンの燻製だが、キッパーよりも塩が甘く燻す時間も短く、大ぶりの脂の多いニシンを使っていた。このR

	朝食	ディナー（昼食）	ティー	サパー（夕食）
金	パン、バター、紅茶	パン、バター、トースト、紅茶	パン、バター、紅茶	
土	パン、ベーコン、コーヒー	ベーコン、ジャガイモ、プディング、紅茶	パン、バター、ショートケーキ、紅茶	紅茶、パン、キッパー
日	パン、バター、ショートケーキ、コーヒー	豚肉、タマネギ、ジャガイモ、ヨークシャープディング	パン、バター、ショートケーキ、紅茶	パン、肉
月	パン、ベーコン、バター、コーヒー	豚肉、ジャガイモ、プディング、紅茶	パン、バター、紅茶	紅茶１杯
火	パン、ベーコン、バター、コーヒー	豚肉、パン、紅茶	パン、バター、茹で卵、紅茶	パン、ベーコン、バター、紅茶
水	パン、ベーコン、バター、紅茶	ベーコン、卵、ジャガイモ、パン、紅茶	パン、バター、紅茶	
木	パン、バター、コーヒー	パン、ベーコン、紅茶	パン、バター、紅茶	

表１　D家の１週間の献立、1901年2月16〜22日（Rowntree, *Poverty*, 1901, p. 232掲載の表をもとに作成）

家は火曜日の「ティー」（早晩の食事）にキッパーとブローターを食べているが、夕食は一切取っていない。一日三食の現代的な食習慣に近づいているとも、貧しさ故に夕食を省いていたとも考えられる。

二家族ともニシンを食べるのは一日の仕事が終わった後の食事だったことを見ると、労働者階級の貧困家庭にとって、キッパーは朝食のメニューではなかったのだ。ヴィクトリア朝からエドワード朝にかけて朝食としてキッパーを食べていたのは、朝でもゆっくりと時間をかけて食事のできる、そしてその食事を作ってくれる料理人を雇える、そういう階級の人間たちだけだったのではないだろうか。

一九七〇年代を境に一時は食べられる

	朝食	ディナー（昼食）	ティー	サパー（夕食）
金	ベーコン、ドリッピング、バター、紅茶	パン、バター、紅茶	チーズ、パン、バター、紅茶	
土	ベーコン、ドリッピング、パン、紅茶	パン、バター、紅茶	スープ（頂き物）、パン、バター、紅茶	
日	ベーコン、パン、紅茶	牛肉、ヨークシャープディング、ジャガイモ、キャベツ	チーズケーキ、カラントケーキ、パン、バター、紅茶	
月	ベーコン、パン、紅茶	肉、ジャガイモ、キャベツ	チーズケーキ、ケーキ、パン、バター、紅茶	
火	ベーコン、パン、バター、紅茶	パン、バター、紅茶	キッパー、ブローター、パン、紅茶	
水	ベーコン、ドリッピング、パン、紅茶	レバー、パン、紅茶	パン、カラントケーキ、バター、紅茶	
木	ベーコン、ドリッピング、パン、紅茶	ケーキ、パン、バター、紅茶	魚、ケーキ、パン、バター、紅茶	

表２　R家の１週間の献立、1900年8月25〜31日（Rowntree, 同書, 1901, p. 267掲載の表をもとに作成）

ことが少なくなったキッパーだが、前章のウナギのゼリー寄せと同じく、近年徐々にその人気が復活しているというタブロイド記事もある。[注6] 朝食にそのまま食べるだけではなく、コダラやサバの代わりに、身をほぐしてからスープやケジャリー（炊き込みご飯）の具材にするレストランもあるようだ。オメガ3を豊富に含む青魚だから、持続可能な水産資源の確保を目的に取り組まれてきた資源保存が成功し漁獲高が増えるなら、価格も抑えられ、健康志向と相まって復活する食材であることは間違いない。

「あれからニシンはどこへ行ったやら」

いまどき日本語のわかる人もかなり増えているロンドンの街角で「石狩挽歌《ばんか》」

でも流したならば、ふと足を止めて「なるほど」とうなずく人も少なくないだろう。

注1 Rosamund Paice, "Salty Language: Herring and Intemperate Appetites in Shakespeare's London", *Journal for Early Modern Cultural Studies*, Volume 19, Number 1, University of Pennsylvania Press, 2019, pp. 65-84.

注2 Mike Smylie, *Herring: A History of the Silver Darling*, Tempus, 2004, p. 18.

注3 R. W. Apple Jr., "Britons Mourning Beloved Kippers", *New York Times*, 7 July 1977, https://www.nytimes.com/1977/09/07/archives/britons-mourning-beloved-kippers.html

注4 Eunice M. Schofield, "Working Class Food and Cooking in 1900", *Folk Life: Journal of Ethnological Studies*, 13(1), pp. 13-23, https://www.tandfonline.com/doi/abs/10.1179/flk.1975.13.1.13?journalCode=yfol20

注5 B. Seebohm Rowntree, *Poverty: A Study of Town Life*, Macmillan, 1901.

注6 Helena Horton, "The Comeback Kipper: Herring Sales Boom and Top Restaurants Put Them on the Menu as Michelin Star-winning Chef Richard Corrigan Says He Would Eat Them 'Every Day Seven Days a Week'", *The Daily Mail*, 28 June 2021, https://www.dailymail.co.uk/news/article-9726473/The-comeback-kipper-Herring-sales-boom-restaurants-menu.html

ロールモップ

作り方

1　ニシンを三枚におろす。塩水に入れてさっと洗い、水気をふきとる。

2　アニサキス対策として、**1**をラップに包んで24時間以上冷凍する（解凍の魚を使った場合は不要）。調理する8時間ほど前に冷蔵庫に移し、ゆっくり解凍する。

3　塩水を作り、解凍したニシンを漬けて一晩冷蔵庫に入れておく。

4　ニンジンと赤タマネギを薄くスライスする。ニンジンとAのマリネ液の材料を鍋に入れ、中火でひと煮立ちさせる。赤タマネギとレモン汁を加えて一晩おく。

5　**3**のニシンを流水で洗い、水分をふき取る。皮を外側にしてクルクルと巻き、つまようじを刺して留める。

6　保存瓶にマリネ液、ニシン、マリネ液の順に交互に入れ、ニシンがマリネ液に浸るようにする。2～3日経つと小骨も柔らかくなり食べ頃となる。

材料（4人分）

ニシン（マイワシ、アジ、サバでもよい）…4尾
塩…大さじ2
水…400ml

マリネ液の材料

ニンジン…1/2本
赤タマネギ…1/2個
A
- 穀物酢…100ml
- 砂糖…200g
- 水…200ml
- ローリエ…2枚
- 黒胡椒…約10粒
- シナモンスティック…1本
- ナツメグ…大さじ1/2
- クローブ…小さじ1/2

レモンの搾り汁…1/2個分

キッパーのポーチドエッグ添え

燻製器はホームセンターなどで簡単に手に入るので、ニシンやサバなどお好みの魚の燻製を手作りできますね。

材料（4人分）
キッパー…4尾
卵…4個
酢…50ml
水…1ℓ
氷水…適宜
バター…適量
レモン…1個

ポーチドエッグを作る

1　鍋に水を注ぎ、沸騰したら酢を入れて弱火にする。
2　卵を割り入れ中火で30秒、卵をひっくり返して2分茹でる。
3　卵を取り出し、氷水にくぐらせて粗熱をとってから、キッチンペーパーなどにあげて水気をとる。

キッパーを湯で温める場合

1　深めの鍋などにキッパー全体が浸かるほどの水を入れて沸かし、火を止めてキッパーを入れる。
2　5分ほどしたらキッパーを取り出して水気を切り、皿に盛ってバターとポーチドエッグ、くし切りにしたレモンを添える。

キッパーをグリルする場合

1　キッパーをコンロの魚焼きグリルもしくは焼き網にのせ、弱火で片面2〜3分ずつ焼く。
2　軽く焼き色がついたら皿に盛ってバターとポーチドエッグ、くし切りにしたレモンを添える。トーストやライ麦パンなどと一緒にどうぞ。

10

グリーンピースのスープとシェパーズパイ

慎ましやかな「普通」の味

「普通」の味

ちゃんと食べてみると美味いし、落ち着いてよく考えて味を思い出してみると美味いのだが、その印象が美味さに即座に結びつかない食べ物というものがある。たとえば、グリーンピースのスープ（Pea SoupもしくはGreen Peas Soup）のようなもの。スープストックを骨付きハムでとったり、ミントと一緒にミキサーにかけたり、クリームを入れたりとレシピは複数あるが、春から初夏にかけて、グリーンピースの美味しい季節に生のグリーンピースで作ると、爽やかな甘味と豆独特のコクが見事に調和していて、本当に美味しい。むろん、秋や冬に冷凍のグリーンピースを使っても作れるが、やはり旬のグリーンピース（収穫してすぐに生で食べても甘くて美味しい）のふくよかな香りにはかなわない。

ミキサーにかけることさえ面倒臭がらなければ作るのはとても簡単だし、なんだったら冷凍物や出来合いの製品もいっぱいあるから、当然階級に関係なく食べられる。もちろんイギリスだけではなく、たとえばオランダのエルテンスープなどのように、グリーンピースが穫れるところではどこでも「普通」に食べられる。そういうとても「普通」の食べ物だから、人間以外の生き物にも食べられることもある。

ロアルド・ダールの『魔女がいっぱい』では、年に一度の定例食事会のためにボーンマスのホテル・マグニフィセントに集う魔女たち（もちろん人間には彼女たちが魔女だとはわからない）にグリーンピースのスープが供される。子どもたちをさらって悪さを働く魔女たちを懲らしめてやろうと、主人公は物知りで勇敢なおばあさんと一緒に魔女退治を決意するのだが、逆に魔女に捕まってしまい、人間をネズミに変える「ネズミニナール」を飲まされてネズミにされてしまう。そこでおばあさんは魔女たちの食事会と同じレストランのテーブルに席を取り、一計を案じるのだが、そこで交わされた給仕係とおばあさんのやりとりがこれだ。

給仕係　「今日は、グリンピースのスープで始まりまして、つぎには、シタビラメのグリル焼きかロースト・ラムのうち、どちらかをお選びいただきます」
おばあさん　「グリンピースのスープとラムをお願いしますよ」
（ロアルド・ダール『魔女がいっぱい』クェンティン・ブレイク絵、清水達也・鶴見敏訳、評論社、二〇〇六年、二一九頁）

スープが出される。ではそのスープに「ネズミニナール」を入れて魔女たちを皆ネズミに変えてしまおう。これがおばあさんの作戦だった。ネズミ姿の主人公は、厨房に忍び込み、長い尻尾を壁のフックに巻きつけてぶら下がり、コックがその鍋を持っていこうとする直前にボトルの「ネズミニナール」をそっくりスープ鍋に注ぎ入れることに成功する。

つぎの瞬間、コックが、湯気のたったみどり色のスープの入った大鍋を持ってやってきて、銀の器に、たっぷりそそぎこんだ。器にふたをして叫んだ。「大パーティー用のスープ、あがり！」

（同書、二二八頁）

たとえ「ネズミニナール」入りとはいえ、そしてダール作品独特の情け容赦なさがにじみ出る、読みようによっては恐ろしい物語であるとはいえ、銀の器に注がれるスープが湯気と香りとともに目に浮かぶようだし、やはり宮﨑駿はダールが好きなんだなあと思わせるほどにジブリ作品に出てきそうなシーンではないか。食の豊かさと人間の残酷さを一つの料理で同時に感じさせる奇妙な場面を演出しているのが、グリーンピースのスープなのだ。

反面、残酷さをもっと直截に表す風景の中に出てくるグリーンピースのスープもある。

スコットランド出身でアメリカ在住の作家ダグラス・スチュアートのデビュー作にしてブッカー賞受賞作『シャギー・ベイン』（黒原敏行訳、早川書房、二〇二二年）。アルコール依存症で自己破壊衝動に駆られたエリザベス・テイラー似の美しい母と、その母をなんとか支え懸命に生きようとする感受性の鋭い息子の、センチメンタルだが細部にわたる冷徹なリアリズムに裏打ちされた物語だ。

主人公の少年シャギーは、異父兄姉と母のアグネスとともにグラスゴー近郊の炭鉱町の低所得者層向けのアパートに住んでいる。タクシー運転手のシャギーの父はたまにしか家に寄り付かず、帰ってきたとしても母に暴力をふるい子どもたちには見向きもしない。はっきり言って、読み進めるほどに痛々しいことばかりのこの物語に、グリーンピースのスープが登場する。

いつ帰るともわからない夫を窓辺で待つ母親と、シャギーの異父兄リークとの会話だ。

「ママ、食べるものないの」リークがソファーから叫んだ。

アグネスは顎の下のかさぶたを剝く手をとめ、レンジの電気コンロにのせた鍋を覗いた。「スープ温《あ》っためようか？」

「豆のスープ？」

「そう」

「豆でなきゃいいのになあ」

（ダグラス・スチュアート『シャギー・ベイン』一四八頁）

これを傍で聞いていた異父姉キャサリンがスープの鍋をのぞいて臭いを嗅ぐと、「鼻をくしゃっとさせた」。つまり、饐《す》えていたのだ。貧困、DV、家庭崩壊（シャギーの、時に「英雄的」な行いによってなんとか保たれてはいるが）、依存症。これでもかと詰め込まれたサッチャー政権下の社会のダークサイドの極めつきは、嫌われていることに加えて食べられることもなく腐ったグリーンピースのスープだ。グリーンピースのスープがかわいそうである。かわいそうだが、どん底を示すまたとないアイテムとしてグリーンピースのスープが選ばれているのは、ごくごく平均的に「普通」の、階級にかかわらずどこの家庭でも食べるグリーンピースのスープさえまともに食べられないどん底の状況を示すと同時に、グリーンピースのスープの「普通」さを際出

ダグラス・スチュアート『シャギー・ベイン』黒原敏行訳、早川書房、2022年

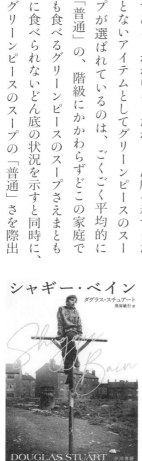

たせる描写でもあるだろう。

デイヴィッド・ボウイの好物？

出来上がりの質や材料の良し悪しや、誰が作るのか、そもそも作るのか出来合いを買って温めるだけなのか、パターンは多々あれ、どの階級の家庭でも食べられるもう一つの「普通」の代表的な料理がシェパーズパイである。シェパーズパイは二〇一六年に亡くなったデイヴィッド・ボウイの大好物だった、らしい。らしいとしか書けないのは、本人の証言が見つからないからだ。種々のウェブサイトや「噂話」として、なかにはレコード会社の人間が言っていた話として、ボウイが妻のイマンに作ってもらっていたとか、その程度なのだ。

でもシェパーズパイとボウイで検索すると、実に多くの、レシピも含めた情報にヒットする。大回顧展「デイヴィッド・ボウイ・イズ」の開催に合わせて銀座にオープンしたカフェでは、シェパーズパイとギネスのセットが大人気だったらしい。ところが、調べた限りでは伝記や本人のインタヴューのどこにも、シェパーズパイが大好物だとは出てこないのである。一九七〇年代半ばには「赤ピーマンとコカインと牛乳」しか口にしていないと噂されたスーパーセレブリティ薬物中毒者のボウイも、今となっては庶民派の味が一番好きなんですよという毒消しPRなのかと勘ぐってしまうほどである。

でも、ボウイがシェパーズパイを好きだったとしても、奇妙なことではない。シェパーズパイはイギリスの子どもたちにとっては給食で最も頻繁に口にしたものだろうからだ。映画『ハリー・ポッターと秘密の部屋』でも、ホグワーツ魔法魔術学校の夕食で出された。まあ、ハリーは秘密の部屋に閉じ込めてきたギルデロイのことが気がかりであまり食が進まなかったのだが。またジブリ映画『アーヤと魔女』では、聖モーウォード子どもの家で出されるアーヤの大好物として登場している、「ジブリ飯」の一つである。

羊（子羊ラムや成羊マトン）のひき肉をニンジンやタマネギなどの香味野菜と一緒に煮込む。煮込んだものをトレイに入れて上からマッシュドポテトで覆い、オーヴンに入れてベイクするだけのシンプルな料理だ。煮込むときにリー・ペリン・ウースター・ソースを入れるとか、もっとドロッとしたＨＰ（ハウス・オヴ・パーラメント）ソースを入れるとか、マッシュドポテトの上にチーズをかけて焦げ色をつけるとかいろいろこだわりもあるだろう。残ったらグシャグシャにして丸め、パン粉をつけて揚げればコロッケにもなるという応用の利く料理でもある。３章の「バンガーズ＆マッシュ」もそうだが、ちゃんと作れば必ず美味しい動物性たんぱく質と炭水化物の黄金のカップリングの一例なのだ。

もともとはローストした肉の食べ残りを使っていたが、食肉業が機械化されひき肉が廉価で手に入るようになるとそれに取って代わった。著名なフードライターで多くのレシピ本も残しているジェーン・グリグソンは、一八八五年のロンドンの夕刊紙「ポール・モール・ガゼッタ」の「イーストボーンの救貧院の幹事会が、年老いて歯のない入居者のためにひき肉機を一台注文した」という記事を引きながら、捨ててしまえるような部位や保存状態の悪い肉までひき肉にできるようになった弊害についても書き記している。[注1]当初からひき肉が年寄りや貧困層に結びつけられるのは珍しくはなかったことに加え、この機械の登場で「監獄、学校、海辺の養老院の料理人が新しい技術を身につけねばならなかった」と書いているように、ひき肉は当初から簡単で大量に作れる料理の必要な施設にもってこいの食材だったのだ。給食と、基本的にはひき肉とジャガイモだけで作れるシェパーズパイは、始めからそういう関係だったのである。

「今日はシェパーズパイか」

「羊飼いのパイ」とか「農家《コテージ》のパイ」という名のとおり、もともとは農村部や郊外に住む庶民の料理だったことになっているが、イギリス王室の新旧メンバー、特にウィリアム皇太子ともう王室ではなくなったハリーの兄弟も大好きな、「階級と関係なく広く愛されている」[注2]料理だというし、学校給食の定番メニューでもあることから、もしかしたら外向けの「国民食」であるフィッシュ＆チップスに対して、とても「普通の」、イギリスで生活していれば日常的に家庭で作られている「国民的」食べ物だと言えるのかもしれない。フィッシュ＆チップスは基本的に店で買うもので家では作らないから、なおさらそう言えそうである。

しかし、である。ウィリアムとハリーには幼い頃からダレン・マグレディという専属の料理人がいて、「アツアツでトロッとしたお肉に、柔らかいマッシュポテトととろけたチーズ」[注3]を供されていた一方で、親が働きに出ている相対的貧困家庭の多くではスーパーの、それもウェタローズやマークス＆スペンサーのような高級ではなく、テスコの「ヴァリュー」シリーズやアズダだったり、アイスランドという冷凍食品しか売っていないスーパーのものだったりを食べている。安い冷凍食品がダメだと言っているのではなく、フィッシュ＆チップスと違って家庭の台所で比較的簡単に作れる料理とはいっても、時間的経済的理由によってそうできない人たちがこれまでも必ず一定数はいて、その数は増えているということなのだ。

日常的に食卓に上るものこそ家庭で手作りするのが普通だという考え方ほど階級的なも

のはない。ロバート・アルトマン監督の傑作群像劇映画『ゴスフォード・パーク』(二〇〇一年)のワンシーン。マギー・スミス演じる伯爵夫人が、ある朝、朝食のトレイにマーマレードの瓶がのっているのを目に留め、「買ったマーマレード? なんてこと、そんな頼りないものを」と驚くシーンがある。味が薄いとか安っぽいとかいう嫌みでもあるし、そもそも切らしてはいけないマーマレードを商品として買うという消費行為を蔑む上流階級の貴族的アマチュアリズムが見事に表現されている。言うなれば「買ったシェパーズパイ!」、というわけである。

でも、家庭で手作りされたシェパーズパイがすべて物事をスムースに運ぶとは限らない。カズオ・イシグロが黒澤明の古典をベースに舞台をイギリスに移して脚本を書き、名優ビル・ナイが主演する『生きる LIVING』(二〇二二年)では、シェパーズパイはなかなか難しい役どころを与えられている。胃がんのため余命半年と宣告され絶望に陥ったウィリアムズ(ビル・ナイ)だが、妻に先立たれてから仕事まみれだった生涯を悔いてなにか楽しみを見つけようとしても、どうやって見

『生きる LIVING』(2022年、イギリス、監督:オリバー・ハーマナス、主演:ビル・ナイ)

つけていいのかさえわからなくなってしまっていた。ロンドン市役所の市民課の部下だったマーガレット（エイミー・ルー・ウッド）のおかげで、ようやく生きる意味を再発見しかけるも、親しげに話す二人の姿を見とがめた噂好きの女性によってそのことがウィリアムズと同居している息子夫妻の知るところとなり……。

「親父何をやっているんだ」と問い詰めたいがどう切り出していいかわからないまま父の帰宅を待つ息子と、余命が半年しかないことをどうやって息子夫婦に告げるべきか逡巡しているウィリアムズの間に置かれるのが、息子の妻が作った夕食のシェパーズパイなのだ。義父と夫の皿にシェパーズパイを取り分けながら息子の妻は夫を急かすが、「うーん、いい匂いだ」「今日はシェパーズパイか」と食卓につきながらつぶやく父に、息子は何も言えない。父もまた、がんのことを告げることなく食事が始まってしまう。そして父を問い詰めずシェパーズパイを食べ始めてしまったことを、息子は後になって後悔するのだが

……（続きはぜひ本編をご覧ください）。

夕食がトードインザホールやベーコンサンドウィッチだったら違ったかもしれないが、いい匂いの湯気を立てて食卓に運ばれてくるフィッシュパイでもアイリッシュシチューでもきっと状況は変わらなかっただろう。しかしこれをシェパーズパイにしたイシグロの発想は秀逸だと思う。いや、そうではなく、むしろシェパーズパイしか思い浮かばなかった

のかもしれないのだが。

慎ましやかな庶民の暮らし

家で作る一番「普通」のイギリス料理。学校や病院や、監獄ですら最もよく出てくる一番「普通」のイギリス料理。ベイクドビーンズは基本缶詰だからありえないし、フィッシュ&チップスは外で買うからありえない。ローストは平日の夜に食べるものではない。シェパーズパイのこの決まりきった「普通」さこそ、毎日決まった列車の決まった車両に乗り職場に行き、淡々とルーティンをこなし、手の掛かりそうな案件は後回しにして何事も無難に済ませてその日の仕事を終え、決まった時刻に仕事場を出てまた決まった時間の列車で帰宅する役所勤めのウィリアムズのこれまでの人生そのものだ。少なくとも余命を宣告されるまでのウィリアムズの人生の。

二〇〇五年にイギリスで公開された三次元アニメ映画『マジック・ラウンドアバウト』（翌年アメリカで『ドゥーガル』というタイトルで公開）の中で、ウサギのキャラクター「ディラン」がザ・キンクスの「ユー・リアリー・ゴット・ミー」を歌う場面があるのだが、その声優はナイである。

ザ・キンクスと言えば、一九七五年にリリースしたアルバム『ソープオペラ』に収められた「ユー・メイク・イット・オール・ワースホワイル」である。なぜかと言うと、この曲の中でもシェパーズパイが少し悲しい役割を演じているからだ。セレブ生活に疲れ遅くに帰宅したポップスターのノーマンに、その妻アンドレアは「あいにくシェパーズパイしか残ってないけど、食べる?」と尋ねるのだが、ノーマンは嫌だとそっけなく言う。驚き悲しむアンドレア。ピッツァだのエッグベネディクトだの、セレブが好みがちな派手な料理より、私の好きなノーマンならシェパーズパイが好きなはずだと涙ながらに訴えるのだ。ついには「わかったよ、食べるよ」と情にほだされるノーマン。「たかがシェパーズパイでそんなに騒がなくてもいいじゃないか」と妻を慰めるのだ。

シェパーズパイを「たかが」と言ってしまう詞を書いたレイ・デイヴィスは、このアルバムの前作の制作に熱中して家庭を顧みず妻と子に出て行かれているので、あながちジョークで済ますわけにもいかないかもしれないし、逆にそれをペーソスに巻いてジョークにするデイヴィスの詩心に浸ってもいいかもしれない。

ともかく、二番の歌詞には蒸しプディングとカスタードも出てきて、「普通」の庶民性を捨てられない妻のアンドレアと、本当は自分もそうだと認め、「そう、それは素晴らしいね」「さあ、食べよう」と言ってしまうノーマン。何となくやれやれ、めでたしめでたしな風景が、デイヴィス本人は北ロンドンの左翼の家庭で育ち保守党を批判しているとしても、彼の世界観はどこかで保守的だという評判を生んだのかもしれない。慎ましやかな庶民の暮らし。それは守るべきもので、それ以上でもそれ以下でもない。シェパーズパイはもしかしたら、そんな価値の象徴なのかもしれない。

そういえばデイヴィスは二〇一六年にナイトの爵位を受け「サー」の称号を授かっているが、ボウイは受勲を拒否していたっけ。「慎ましさ」からかけ離れたキャラクターを演じ続けたボウイは爵位を拒絶し、シェパーズパイを愛した（ことになっている）古き良き庶民性から足を抜かなかったデイヴィスは「サー」となり、シェパーズパイを「やめてくれ」と歌った。本当は好きなはずなのにね。

注1　Jane Grigson, "Shepherd's Pie by Jane Grigson", *Guardian*, 27 January 2020, https://www.theguardian.com/food/2020/jan/27/ofm-20-best-potato-recipes-jane-grigson-shepherds-pie
注2　石原孝哉、市川仁、宇野毅編著『食文化からイギリスを知るための55章』明石書店、二〇二三年、二三七頁
注3　同書同頁

グリーンピースのスープ

材料（4人分）

実エンドウ…500g
（冷凍グリーンピースでもよい）
タマネギ…1個
無塩バター…60g
スープストック…400ml
牛乳…300ml
ミントの葉…10g
塩…適量
黒胡椒…適量

作り方

1　タマネギをみじん切りにする。
2　鍋にバターを入れて弱火で溶かし、タマネギを軽く色づくまで炒める。
3　スープストックを注ぎ、実エンドウを入れてひと煮立ちしたら弱火にして10分ほど煮る。
4　鍋の中身をミキサーに移し、ミントを加えてなめらかにする。
5　鍋に戻して牛乳を注ぎ、弱火で温め、塩と胡椒で味をととのえて出来上がり。温かいままでも、冷やしても美味しい。

＊5月前後が旬となる実エンドウはサヤから出して時間が経つと風味が落ちるので、サヤ付きのものを選びます。和歌山特産のウスイエンドウを使うと青臭さがなく、上品な味に仕上がります。

シェパーズパイ

材料（直径25cmのパイ皿1個分）
羊のひき肉…500g
トマト…350g
タマネギ…1個
ニンニク…2片分
ショウガ…2片分
チリパウダー…小さじ1
タイム…小さじ1
塩…適量
黒胡椒…適量
サラダ油…適量
マッシュドポテト…約700 g

作り方

1 トマトは湯むきして皮と種を取り除く。タマネギとニンニクはみじん切り、ショウガはすりおろす。

2 フライパンに油をひき、タマネギが色づくまで弱火で炒める。ニンニク、ショウガ、すべてのスパイスを加え、さらに炒める。

3 羊のひき肉を加えて中火にし、肉の色が変わったらトマトを入れて汁気がなくなるまで30分ほど煮る。

4 塩で味をととのえて冷ましておく。

5 マッシュドポテトを作る。59ページのレシピを参照しながら、少し牛乳を減らして固めの仕上がりにする。

6 パイ皿に**4**のフィリングを敷きつめて、その上にマッシュドポテトを平らに広げ、表面にフォークで波状の模様をつける。

7 220℃に予熱したオーヴンで30分ほど、表面に焼き色がつくまで焼き、温かいうちにいただく。

＊このレシピで羊肉を牛肉に代えてつくるとコテージパイとなります。

11

キュウリのサンドウィッチとポークパイ

ピクニックのお供、でも少し手間がかかります

PIMM'S
Nº1

「ザ」・サンドウィッチ

夏はピクニックの季節だ。日本の梅雨のように雨と湿気にさいなまれることもなく、好天に恵まれ爽やかな風が吹き、盛夏にまでは少し間がある六月から七月にかけてのイギリスは、ピクニックに最適である。緑豊かな芝や牧草の続く緩やかな丘がいい。できるだけ高いところまで登って、籐編みのバスケットからでなくともいいが、食べ物や飲み物を取り出して、敷いたクロスに並べる。上流でも中流でも労働者階級でも、ピクニックはするものだ。上流階級は社交やちょっとした気晴らしとして。労働者階級は平日の窮屈な生活からの一瞬の解放を目指して、時には年に数度しかない一大イヴェントとして。いずれにせよ、サンドウィッチとポークパイは代表的なピクニックフードである。

ハム、ベーコン、レバーペースト、サーモンペースト、チーズとピクルス、何をパンに挟むかはそれこそ階級によって異なるものだが、もし「ザ」・サンドウィッチと呼べるものがあるとしたら、それはキュウリのサンドウィッチである。例の、カード遊びの間に軽くつまめて腹の足しになるものを第四代サンドウィッチ伯爵（一七一八〜一七九二）が命じて作らせたからだという神話もあるが、その中身がキュウリだったということは意外と重要だ。

それは、一八世紀当時、キュウリはイギリスの冷涼な気候では育たない植物だったから。広大な邸宅に温室を設えられる財力がないと、とても口にできるものではなかったのである。富の象徴としてのキュウリ。日本のキュウリのように細く身がしまって硬いものではない。イギリスで食べられるキュウリは加賀太胡瓜のように太く、色も薄グリーンでとにかく水っぽい。それを薄くスライスする。薄いパン二枚の片方にバターを塗る。厚めに塗る。そうするとキュウリの水分がバターの脂分に遮断されて、パンがぐしゃっとしないから。バターを塗ったパンにキュウリを置いて塩と胡椒、レモン汁を少し垂らし、挟んで出来上がりだ。マスタードを塗ってもいいし、場合によってはマヨネーズという人もいるだろう。また、キュウリを軽く塩もみした方がいいという人もいるだろう。でもシンプルな方がいいし、実際そんなに手をかけないのがキュウリのサンドウィッチのいいところなのだ。

騙《だま》されたと思ってバター、塩、胡椒、レモン汁だけのキュウリのサンドウィッチを作ってみてほしい。美味いのだ。ふわっとしたパンを嚙んだ後にシャキッと歯に触るキュウリの冷たさと、清涼感の後を追うようにバターの豊かな香りが鼻腔を漂う。濃く淹れたミルクティーにこれほど合う、つまり紅茶の香りの邪魔をせず、フレッシュな食感と水気で間をつなげるスナックもなかなかないことに気づくだろう。

余談を一つ。夏の代表的なアルコール飲料にピムスがある。レシピ秘伝の薬用酒だが、その飲み方はレモネードや炭酸で割ってオレンジやレモンなどの柑橘類とミントの葉を浮かべ、そして必ず薄切りのキュウリを入れる。ピクニックのドリンクとしても人気がある。最近ではスコットランド産のジンであるヘンドリクスで作るジントニックにも薄切りキュウリを入れるレシピが一般的なようだが、キュウリの軽い青臭さに清涼感を求めるのは、一九世紀にインド支配を完了した大英帝国の軍人や官僚たちの嗜好とあまり変わらないのかもしれない。暑いインドの気候をやり過ごすために、このヒマラヤ原産の瓜がちょうどよかったのだろう。

キュウリと上流階級

そんな高級品であったキュウリも、一九世紀末にもなると温暖な南ヨーロッパからの輸入や品種改良によってイングランド南部でも栽培可能になり、市場で売られるようにもなったようだ。それでも、キュウリが金持ちにしか口にできないものだというエピソードには事欠かない。たとえば、オスカー・ワイルドの戯曲「まじめが肝心」にこんな一幕がある。

ジャック　どうして胡瓜サンドイッチが？　きみみたいな若僧がなんだって
　こんな無茶な贅沢を？　誰がお茶に来るんだ？
アルジャノン　いやなに！　オーガスタ伯母さんとグエンドレンだけよ。
ジャック　そいつはうめえや！　……
アルジャノン　（ジャック、手をのばしてサンドイッチをつまもうとする。アルジャノン、さっとさえぎる）そのサンドイッチには手をつけんでくれ。オーガスタ伯母さんのためにわざわざ注文したんだから。（ひとつ取って食う）
ジャック　だって、きみはさっきから食いつづけじゃないか。
（『オスカー・ワイルド全集 2』西村孝次訳、青土社、一九八九年、四六二頁）

気まぐれなお調子者で無責任なアルジャノンが、田舎に邸宅を持つ資産家だが、元は孤児であり養子となった出自を負い目に思ってどこかで世間と折り合いをつけるのが苦手な友人ジャックと交わす会話である（ジャックは鞄に入れられて拾われた）。ジャックには若いアルジャノンがキュウリのサンドウィッチを用意できることが「無茶な贅沢」に思えるほど、キュウリはまだ高級品だったことがわかる。アルジャノンは、お茶に誘ってある伯母のブラックネル卿夫人オーガスタの求めに応じて「わざわざ」キュウリを用意したのだった。

客人であるこの伯母は、スノッブでえらそうで狭量で、絵に描いたような権威主義的な貴族としての振る舞いをひけらかす人物である。そういうわけで、お茶のお供には高価で希少なキュウリのサンドウィッチを、とアルジャノンに頼んであったわけだが、伯母とその娘でジャックが恋しているグエンドレンが到着してお茶の席につくと……。

ブラックネル卿夫人　さあお茶を一杯いただきましょうか、それにお約束の胡瓜サンドイッチもね。

アルジャノン　どうぞどうぞ、オーガスタ伯母さん。（茶卓のほうへいく）……（からの皿を手にとって愕然とする）こりゃどうだ！　レイン！　どうして胡瓜のサンドイッチがないんだ！　特別に注文しておいたんだぞ。

レイン　（しかつめらしく）けさは胡瓜は市場に入荷しておりませんでした。二回もまいりましたが。

アルジャノン　胡瓜がなかったと！
レイン　さようで。現金でといってもだめでして。

（同書、四六九〜四七〇頁）

オーガスタたちが到着する前に、アルジャノンがすべて食べてしまったのである。前幕でジャックに見咎《とが》められても、アルジャノンはキュウリのサンドウィッチを食べるのをやめられなかったのだ。嫌みや皮肉を口にしながら延々とキュウリのサンドウィッチを食べ続けるアルジャノンの姿を想像してみよう。過剰、やりすぎなのだ。別に空腹を満たすためではなく、ただ食べ出したら止まらない。食うに困らないはずの上流階級が、暇を持て余して、たとえばアヘンやドラッグに耽溺し中毒症状に陥っているかのような風景。自己規律を欠き、快楽主義的で、反省のかけらもない。

執事のレインは、アルジャノンがすべて食べてしまったことを知っていて、しかしオーガスタ伯母の前でそれをばらすわけにもいかず、キュウリが売っていなかったと嘘をつく。この「階下の」人間が吐く最後のセリフは気が利いている。「現金でといってもだめでして」。ということは、普段はつけで買っているということだ。そして今回、「現金で」とわざわざ言ったということは、そのつけがたまっているからだろう。アルジャノンは、「ひでえ金づまり」であることをジャックに告白している（四六三頁）。貴族の生活は没落の道を辿っているのだ。レインはその事実をチクリと露《あら》わにし、舞台から去る。

これは「階下の」執事による「階上の」主人への密《ひそ》やかな抵抗だろうか？　いやいやそれはちょっと早合点だろう。レインが去った後、アルジャノンはオーガスタにこう言っている。「これは弱りました、オーガスタ伯母さん、キュウリが一本もなくて、現金払いでも」（四七〇頁）。これは金の無心以外の何ものでもない。しかしオーガスタは「クランペットを食べてきたから大丈夫」、つまりお腹は空いていないと素っ気なく答えるだけだ。「お前なんかにびた一文やるかい」、その遠回しな表現に違いない。

ワイルドは上流階級の欺瞞《ぎまん》、偽善、物質的な脆弱《ぜいじゃく》さゆえの吝嗇《りんしょく》を描き出すことに長けた作家だが、キュウリのサンドウィッチ一つでしっかり風刺を利かせられるのは見事という他はあるまい。上流階級なんてそんなもんなのだ。

ピクニックのためのパイ

さて、もう一つの主人公ポークパイ。'It's a pork pie short of a picnic'といえば、なにか大事なものがない、欠けている、足りないという慣用表現だが、それだけピクニックとポークパイは切っても切り離せないということだろう。イギリスのポークパイは、冷めても美味いからピクニックにもってこいなのだ。むしろ、冷めていた方が美味いといってもいい。

パイといってもサクサクの軽い食感ではなく、そのペイストリーはギュッと詰まっていて、重い。それは沸騰した湯にラードか牛脂を溶かし、それを小麦粉に注いで練ることによってでんぷん質がより多く溶け出して脂分と融合しずっしりするからである。周りが固くて重いぶん、持ち運んでも壊れにくいし、何より保存が利く。中身は豚肉。それもひき肉ではなく、荒いみじん切りくらいの、食感が残る大きさの豚肉と脂身に、塩、胡椒、ローズマリーやタイムなどの各種ハーブやメースやナツメグなどのスパイスを混ぜる。

ポイントは、ペイストリーに中身を入れてオーヴンで焼いた後に、中身とペイストリー生地の間にできた隙間へと牛か豚のコンソメゼリーを流し込むことだ。まだ冷蔵庫がない時代、焼くことで肉が縮まりペイストリーと肉の隙間にバクテリアが発生し腐ることを防ぐためにその隙間を埋めたというのが定説だが、ミクロン単位の大きさしかないバクテリアがゼリーで埋めた隙間ぐらいで死滅するかどうかははなはだ疑問ではある。ともかくそうすることで冷めたゼリーが固まり、ペイストリー生地と肉の間に壁を作るから相互に染み込むことはなく、ペイストリーはぐしゃっとならずサクサクのまま、肉の中身は肉々しいまま。香味豊かで食べごたえ十分のパイが冷めても美味い理由である。

このポークパイ、レスターやノッティンガムといった工業都市のある東ミッドランド地域では、クリスマスの日の朝食に食べる習慣があるという。この地方には3章「バンガーズ&マッシュ」でも触れたリンカーンの町もある。ソーセージにしてもパイにしても、こうした豚肉の食べ方の進化は、産業革命が進むにつれてこのあたりで養豚業が盛んになったことと関係がある。

なぜこの地域で養豚業が盛んになったのかについてはいろいろな説があるが、近隣でもともと盛んだったチーズ製造業（青カビチーズのスティルトンはリンカーンシャーと南東隣のケンブリッジシャーの境界近くの町で作られている）で、大量消費の需要に応えるべく機械化が進み、その過程で副産物として大量の乳清（ホエー）が出るようになったため、これを飼料にして豚を育てるようになったことが大きいようだ。廃棄物の処理にもなり、餌代の節約にもなると一挙両得だったわけである。レスターの北東に位置するメルトン・モーブレーに本居を置くディキンソン&モリスのポークパイは、いまや出来合いのポークパイの代名詞ともなっているほど、この地域とポークパイの因縁は深い。

ポークパイハットとカリブ系移民

ところで、イギリスとは少し縁遠いような気がするかもしれないが、ポークパイと聞けばまずジャズベーシストであるチャールズ・ミンガスの名曲「グッドバイ・ポークパイ・ハット」が耳に響いてくるという人も多いのではないだろうか。ポークパイハット（山高帽）を好んでかぶっていたサックス奏者のレスター・ヤングの死を悼んでミンガスが作曲したこのインストゥルメンタル曲は、一九五九年のリリース以来数多くのミュージシャンによってジャンルを横断してカヴァーされてきた。

この曲が収録されているアルバム『ミンガス・アー・アム』には、アメリカ南部アーカンソー州のリトルロックにある高校で、アフリカ系の生徒の登校を州兵まで動員して止めさせようとした人種差別主義者のオーヴァル・フォーバス州知事や当時のドワイト・アイゼンハワー大統領を皮肉交じりに非難した「フォーバス知事の寓話」などの有名な曲に混じって、「ブギー・ストップ・シャッフル」というダンサブルな一曲が入っている。

一九八六年に公開されたジュリアン・テンプル監督の『ビギナーズ』（原題はAbsolute Beginners）に、ギル・エヴァンスがアレンジし演奏する「ブギー・ストップ・シャッフル」が使われている。前章「グリーンピースのスープとシェパーズパイ」でも登場したデ

ポークパイハット

イヴィッド・ボウイやレイ・デイヴィスといったミュージシャンに加え、シャーデー、パツィー・ケンジット、ロビー・コルトレーンなども登場する、「スウィンギング・ロンドン」前夜の若者たちの刹那的なエネルギーと社会の現実との交錯を描いた映画である。原作はコリン・マッキネスの小説で、物語のクライマックスは一九五八年のノッティング・ヒルの人種暴動だ。

サブカルチャーでいうならばテディーボーイズと初期モッズの時代。ジャズを愛したモッズたちがロンドンの歓楽街ソーホーのジャズクラブで踊りふけっている一方で、テディーボーイズたちは増加するカリブ地域からの移民への敵愾心《てきがいしん》を強めていくのだが、そうした人種間の緊張が高まっていた一九五〇年代、次第にジャズとロックの狭間にある若者の音楽文化を象徴する一曲として、「ブギー・ストップ・シャッフル」が挿入されているのである。まだ公民権運動が大きなうねりとなる前から一貫して人種差別に対しはっきりと抵抗していたミンガスの楽曲は、主題歌を歌ったボウイやスタイル・カウンシル、ニック・ロウ、ザ・スペシャルズのジェリー・ダマーズらからなるサウンドトラックの中で強烈なアクセントを残している。

同作の中で「ブギー・ストップ・シャッフル」に負けず劣らず決定的な役割を果たして

いるのが、マイルス・デイヴィスの名曲「ソー・ホワット？」に歌詞を付けてカヴァーするレゲエシンガーのスマイリー・カルチャーである。警察による家宅捜査の最中に自殺したとされるこのUKサウンドシステムが産んだ逸材は、一九四八年以降にカリブから移民してきた「ウィンドラッシュ世代」[注1]の両親の間にロンドンで生まれた。

ジャマイカ、トリニダード・トバゴ、ガイアナ、セントルシアなど、旧英領西インドからイギリスに移民して、ロンドンやブリストルのみならず、ノッティンガムやレスターなどの東ミッドランドにある工場や炭鉱にも散っていったその世代の成人男性の多くがかぶっていたのが、ポークパイハットだった。帝国の一部から帝国の一員として、労働力不足を補ってくれという宗主国の要請で海を渡ってきたのだ。だから一張羅を着ていく。ポークパイハットはそのドレスコードに欠かせぬアイテムだったのである。

自分がかぶっている帽子の愛称の出処であるパイを実際に目にして、そして乞われてやって来たはずなのに白人イギリス人による人種差別に晒《さら》されて、彼らは何を思っただろうか。二〇一八年には内務省の（意図的な？）ミスによって、旧植民地（コモンウェルス）出身のイギリス臣民であるにもかかわらず、在留資格を喪失したり強制送還の憂き目に遭ったりする人々がこの世代から続出した。ミンガスのジャズ、一九五〇年代アメリカの人種差別、労働力としての移民、そしてその人たちが直面したイギリスでの人種差別。ポークパイは、確かに比較的単純な食事のメニューかもしれない。しかしその名前によって、二〇世紀の大西洋両岸で猛威をふるい、いまだに根強く巣食う人種差別を期せずして想起させられてしまう料理でもある。

先に触れた「まじめが肝心」のアルジャノンは軽薄なおふざけ者には違いないが、時に本気で本質をつくようなセリフを吐くことがある。

「食事に真剣でないような奴は大嫌いだ。とても浅はかだよ」

(同書、四六九頁)

なるほど、ポークパイを真剣に考えていくと、浅はかなままではもういられない。

注1　「ウィンドラッシュ号」という船が一九四八年から一九七一年までカリブ地域から多くの移民を乗せてイギリスに到着したことから、その間にイギリスに移り住んだカリブ系移民を「ウィンドラッシュ世代」と呼ぶ。

キュウリのサンドウィッチ

作り方

1 キュウリの両端を切り落とし、食パンの幅に合わせて長さを切りそろえてから縦長に薄くスライスする。

2 スライスしたキュウリをボウルに入れ、塩、レモンの搾り汁とともに合わせて、しんなりするまで15分ほど置いておく。

3 パンの片面に室温で柔らかくしておいたバターを塗る。

4 ペーパータオルなどで水分をふきとったキュウリを、少しずつずらしながらパンに並べ、白胡椒を軽くふってもう一枚のパンではさむ。

5 パンの耳を切り落とし、縦に並べたキュウリに対して横にナイフを入れて3等分する。こうすると重なったキュウリの断面がきれいに見える。さらにそれぞれを半分にカットする。

材料（4人分）

食パン（サンドウィッチ用）…8枚
キュウリ…4本
無塩バター…40g
レモンの搾り汁…適量
塩…適量
白胡椒…適量

ポークパイ

（直径20cmのパイ型1個分）

ゼリーの材料

スープストック…250ml
ローリエ…2枚
ローズマリー…適量
黒胡椒…適量
塩…適量
ゼラチン…3g

仕上げの材料

卵（つや出し用）…1個

パイ生地
（ホットウォータークラストペイストリー）の材料

強力粉…250g
薄力粉…250g
ラード…150g
水…200ml
卵…1個
塩…少々

フィリングの材料

豚肉（肩もしくは赤身ブロック）…400g
ベーコン…100g
タマネギ…1個
塩…約5g
ハーブ（セージ、ローズマリー、タイムなど）…適量
スパイス（黒胡椒、ナツメグなど）…適量

パイ生地を作る

1 鍋に水とラードを入れて火にかけ、ひと煮立ちさせてラードを溶かす。
2 ボウルにふるった小麦粉と卵、塩を入れ、**1**を加えてすばやく混ぜ合わせる。熱いのでヘラなどを使う。
3 生地がまとまったら型用（2/3程度）と蓋用（1/3程度）に取り分けて平らにしてラップで包み、扱える温度になるまで冷ましておく。

フィリングを作る

1 豚肉とベーコンを粗みじん切りに、タマネギはみじん切りにする。
2 ボウルにフィリングの材料をすべて加えて粘りが出るまで手で混ぜ合わせ、冷蔵庫で30分ほど休ませる。

ゼリーを作る

1　肉や野菜で作ったスープストックを入れた鍋に、ハーブ、黒胡椒、塩を加えて15分ほど弱火で煮る。

2　火を止めてからゼラチンを加え、よく混ぜて溶かす。

ポークパイを作る

1　型用のパイ生地を型の直径の1.5倍ほどの大きさまで丸く麺棒で伸ばす。薄くラードを塗った型に伸ばした生地を敷き込み、型のふちから1cmほどはみ出るようにしておく。

2　**1**にフィリングをまんべんなく敷き詰める。

3　蓋用のパイ生地を型より一回り大きめに伸ばし円形にカットする。このとき余り生地で星型や木の葉型などの飾りパイも作っておく。

4　フィリングを詰めた型に蓋用の生地をかぶせ、上から麺棒で転がしながら型と蓋の生地を合わせて密着させる。型からはみ出した生地をナイフ切り落とす。

5　型のふちの生地を片方の指2本ともう一方の指1本を交互に押し合い波形の模様をつけていき、型のまわりを1周する。

6　型の中央にナイフでゼリーの注ぎ穴を開ける。表面全体につや出し用の溶いた卵を塗り、穴が閉じないよう筒状にしたアルミホイルや口金をさしておく。

7　220℃に温めておいたオーヴンで30分焼き、さらに温度を150℃に下げて1時間ほど、全体に黄金色に焼き色がつくまで焼く。このとき、飾りパイも一緒に焼く。

8　パイが焼き上がったらオーヴンから出して型に入れたまま室温で冷ます。

9　パイが冷めたら型から皿に取り出し、ロートなどを使って穴からゼリーを注ぎ込む。

10　パイをラップで包み、一晩冷蔵庫に入れて冷やす。ゼリーが固まっていればOK。飾りパイをあしらって出来上がり。

12

サマープディング

甘酸っぱさと苦々しさと

晩夏の思い出

サマープディング、サマープディング。ラズベリー、イチゴ、ブルーベリー、ブラックベリー、マルベリー（桑の実）、黒スグリに赤スグリ。イギリスの夏を彩るベリー類を砂糖で煮て、軽めのコンポートを作る。ジュースをたっぷり染み出させて、買ってから少し時間が経ち、乾いて水分を吸いたくて仕方ない食パンをボウルの底に並べて貼り付け、その中にベリーのコンポートをジュースごと注ぎ入れる。食パンで蓋をして冷蔵庫で一昼夜。

ジュースを吸ったパンに染み込んだ甘酸っぱいベリーの味と香り。カットしてプディングボウルに入れ、そこにクリームを、できればダブルクリームをたっぷり注ぎ入れ、白い海に浮かぶ真っ赤な島となったサマープディングを一口頬張れば、爽やかな酸味がクリームのコクでいい具合に中和され、ベリーの果肉や種も一緒になって多種多様な食感も楽しめる。

シンプルかつ季節感あふれるこのプディング（デザート）。スティッキートフィー、スポッティドディック、ローリーポーリーなど、牛脂や砂糖をたっぷり使い、ネトネトネバネバが主流のイギリスのプディングのラインナップにおいて、ほぼ唯一、おそらくこれだけが、「爽やか」という形容詞が当てはまるプディングかもしれない。これが「サマー」

である理由は、夏の果実であるベリーをふんだんに楽しめるからだけではない。爽やかさを際立たせるアクセントとなるハーブである、ミントが欠かせないからだ。2章「フィッシュ&チップス」でも紹介した漫画『MASTERキートン』がここでも素晴らしいストーリーを提供してくれる。

単行本第一巻最終章として収められた「遥かなるサマープディング」(「完全版」では第一巻第八章)。ある年の晩夏。遅い夏の休暇を過ごすため、幼い頃に訪れていた日本の田舎の古民家へとやってきた平賀=キートン・太一。娘の百合子と父の太平、その飼い犬の太助も一緒だ。その家にはかつてキートンの母パトリシアも一緒に滞在していたが、ある夏の日を境に突然当時五歳だったキートンを連れてイギリスに帰ってしまい、太平とはそのまま離婚することになった過去があった。

蕎麦を打つ気満々の太平に対して、キートンはラズベリーと食パンを使ってサマープディングを作ってみるのだが、その味には何かが足りない。「ほんのり甘くて、山霧のように清涼な香り……」。そこで古い物置から母の残したレシピノートを掘り出すと、そこには当時の母の写真が挟まっていた。そこから始まる回想シーンの連続。「夏が来れば思い出す~」の「夏の思い出」もそう、プルーストの『失われた時を求めて』の「スワン家の方へ」もそう。まあ、枚挙に暇《いとま》はない。かつて夏を過ごした場所は、他のどの季節にも

浦沢直樹／勝鹿北星／長崎尚志『MASTERキートン完全版』第1集
（小学館、2011年、205ページ）

増してノスタルジーの対象になるようだが、キートンが思い出に追い求めたのは、出来事や事件ではなく、香りだった。

まるでプルーストのようだが、プルーストの「私」はマドレーヌを食べた瞬間にかつて叔母の家で紅茶に浸して食べたマドレーヌを思い出し、その家の調度品や庭も含めた場所全体の経験を語り始めるというもの。だが、その紅茶に浸したマドレーヌの「味」を思い出したと語る「私」は、それがどんな味だったのか、たとえばバターの香りはどれだけしたのか、オーヴンで少し焦げた感じの香ばしさはあったのかなど、そういうことには一言も触れないのだ。杜撰《ずさん》である。それでは貴族の荘園館で過ごしたひと夏の「舌の上の階級社会」を語ったことにはならない。別にプルーストの目的はそこにはないのだから、そして後世の読者がやたらこのマドレーヌのエピソードを持ち上げて濫用してきたがゆえに本編を読み切ることなくなんだか知った気になっているだけなのだから、この乳離れできない、読者が苛つくほどに甘えたお坊ちゃんたる「私」にとってマドレーヌの味が本当はどうだったかなどあまり重要ではないのだろう。

しかしわれらコモナーズ・キッチンは、そんな貴族的な味覚のディレッタンティズムに与するわけにはいかない。キートンも賛同してくれるに違いない。彼は自分の味付けに足りない何かを必死に考え抜き、物置で見つけたノートの間からこぼれ落ちた古く乾燥したミントの葉を、普通の犬の数百倍の嗅覚を持つ太助の鼻に近づける。ミントの葉の匂いを嗅いだ太助がキートンを導いたのは、古民家から少し離れたわかりづらい場所にある枯れかけた池の周囲に広がる、ペニロイヤルミントの畑だった。[注1] ラズベリーを煮るときに加えられたミントは、母パトリシアの故郷コーンウォール原産のペニロイヤルミントだった。母の手控えには、「ここが私の秘密の故郷」と書いてあった。

ギリシャ神話の妖精ミンスを語源に持つミント。ミンスは冥界と妖精界を自由に行き来できたのだが、冥界の王プルートの妻で自身も妖精界出身のプロセルピナはミンスの香りを冥界に留めておきたくて彼女を草＝ミントに変えてしまった。それでもその香りが放つ望郷の誘惑に打ち勝てず、プロセルピナは妖精界へと戻ってしまう。キートンの母パトリシアも、まるでプロセルピナのように故郷コーンウォールに戻った。ミントの思い出は、「母さんの思い出」。

なんだ、結局これもマザコンの話かよとがっかりしてしまう読者諸氏は、浅はかである。ミントには「思い出をより強く保つ不思議な薬効があるとされて」いるのだから、紅茶に浸したマドレーヌの味わいが湧き上がってくるのをただボーっと待っていたプルーストの「私」とは違い、キートンはミントという触媒を用いてより積極的に能動的に思い出に近づこうとしているのだ。

浦沢直樹／勝鹿北星／長崎尚志『MASTERキートン完全版』第１集
（小学館、2011年、216ページ）

そして最後のシーンでは、秋がすぐそこに迫っている晩夏と初秋の端境期の情景を目にして、「美しいだろ、これが日本の秋だよ」、「これが百合子の故郷の秋なんだよなあ……」と、ミントの香りがする（娘の百合子にとっての）「おばあちゃんの故郷」を相対化する作業を怠らない。家族で過ごす「現在」の夏から、かつてサマープディングを食べさせてもらった五歳の夏へ、さらに遡って母が故郷でミントの香りに包まれて暮らしたはずのさらにその数十年前の夏へ。キートンが再発見したミントの香りには、過去が二重に刻印されている。ただ時間をさかのぼって不都合を削ぎ落とし、甘美な思い出に浸ればいいというものではないのである。ペニロイヤルミントの香りのするサマープディングは、甘さと同時に酸っぱく苦い野生の果実本来が持つ複雑な味なのだ。

ベリーと「奴隷」

しかし、である。毎年七月の全英オープンテニス、ウィンブルドンが来るたびに「名物」として取り上げられる「ストロベリー&クリーム」、これはどうだ。一八七七年の第一回大会から供されてきたという、イチゴにこってりしたダブルクリームをかけただけの一品だが、ケント州の「ヒュー・ロウ農場」という指定農場で朝摘みしたイチゴを運び込み、新型コロナウイルス感染症による観戦制限が敷かれるまでは大会期間中に二〇〇万粒近くが消費されていたという。イギリス（イングランド）でイチゴの栽培が始まったのはかのヘンリー八世時代だという。貴族の館にある温室で作られ、いわば富と権力の象徴として客人に振る舞われた。まるで、かつてのキュウリである。キュウリのサンドウィッチと一緒である（前章参照）。

確かにウィンブルドンの大会は、王室メンバーがロイヤルボックスで観戦しているときには、男性選手は首を曲げてお辞儀をする「ネックバック」、女性選手は両脚を前後させてどちらかの膝を曲げる「コーツィー」をしなければならないとか、ウエアはスポンサーのロゴを最小限に限定した白い物着用など、貴族的なしきたりとわざとらしい振る舞いに溢れており、そこで最も人気のある「ストロベリー＆クリーム」もまた「富と権力の象徴」という意味合いから逃れられないようだ。

「富と権力」……。見上げれば絢爛《けんらん》豪華なものが、見下ろせば底なしの貧苦と労働によって支えられているということ。ウィンブルドンを始め、イギリスの初夏を彩るイチゴ、ラズベリー、ブルーベリーなど、サマープディングの材料となる「夏の果実」は、多くの外国人労働者によって収穫されているのが実情だ。ボルドーのワイン醸造用のブドウの摘み採りが、北アフリカのマグレブ諸国からの安価な労働力なしでは不可能なように、「イギリスの夏の味覚」の収穫は、ポーランド、ルーマニア、ブルガリアやアルバニアといった東欧諸国、モロッコやチュニジアといったマグレブ諸国、ケニアやナイジェリアなどのアフリカ諸国からの移民労働力に依存している。労働許可証のあるなしにかかわらずだ。

もちろん、すべてのベリー農場が劣悪な労働条件下で外国人労働者をこき使っているというわけではない。しかし、イギリスの黒人コミュニティを読者ベースにするオンライン新聞「ヴォイス」[注2]の二〇二一年の記事によると、スコットランドやノリッチ近郊のベリー農場では「イチゴ奴隷(Strawberry Slavery)」が存在する。低賃金、超過労働時間、約束された賃金からのわけのわからない説明されない多くの天引き。手元に残るわずかな賃金も住居費の名のもとに差し引かれる実態が報告されている。ベリー類に限った話ではない。二〇二二年五月の「ガーディアン」[注3]紙では、アスパラガス農場で働くネパール人労働者の実態が報告されている。

他にもプラム、リンゴ、キャベツなど葉野菜やジャガイモなどの根菜類まで、イギリスの農作物生産現場は外国人労働者なしでは作業が成立しないのが実情だ。だから政府は、二〇一九年にそれぞれの農産物の収穫期に合わせた季節労働ヴィザを積極的に発給できる暫定措置(pilot scheme)を導入することにした。

誰かの労働の果実

ではなぜ政府公認の制度の中で「奴隷」と言われてしまう状態が生み出されるのかといえば、イギリスのEU脱退によってEU基準より緩いヴィザ発給要件を導入できるようになったため、相対的貧困国からの流入が増えたことが一つ。もう一つは、テスコ、マークス&スペンサー、ウェイタローズといった大手スーパーマーケットと契約している農場が、簡単に言ってしまえば商品単価を「買いたたかれ」ているからだ。人件費を削ることで生産費を補塡し、従業員の健康、医療、福祉にまでお金を回す余裕がないどころか、給料を確保することも難しいケースがあるという。

二〇〇四年にランカシャーのモーカム湾でアサリ捕りをしていた中国人季節労働者（就労ヴィザを発給されていない人もいた）が二三人溺死した事件以来、劣悪な労働条件を告発し改善を促す政府監督機関の設置が求められ、二〇一七年には「労働衛生監督庁（GLAA、the Gangmasters and Labour Abuse Authority）が作られて、最低賃金の支給、衛生的な居住環境の保証、交通移動手段の安全性の確保、フェアな労働契約を履行しているかどうか、雇用主を監視することができるようになった、はずである。それが、EU離脱による規制緩和と新型コロナウイルス感染症による労働力不足で抜け穴ができたのだろう。どこかの国の「外国人技能実習制度」を思わせる。

先進工業国や旧植民地宗主国のありとあらゆる産業／商売の現場に、その国に比べて相対的貧困率の高い国から移住してきた人たちが労働力として現れるのは、もはや珍しいことではない。それは例外ではなく、当たり前の光景だし（深夜のコンビニを考えればよい）、そうしないと産業がなりたたない（と思わされている）。現代人の生活自体が、そのような状況を少し集中して繊細に目を凝らさないと見えにくいなと思ってしまう人たちと、告発を受ける状況が日常な環境で生きる人たちに分断されている。

嗜好品《しこう》と呼ばれるものの原材料はほぼすべて、それが大量消費のために商品化され市場規模が拡大すればするほど必然的に、奴隷かもしくは奴隷に近い労働条件のもとで作業する一定人口の、それも使い捨て可能だと思われる人間たちの肉体労働によって供給源を確保されてきた。歴史的にも、また現在でも。

かつて、コーヒーには必ず砂糖を入れて飲むという人物に出会ったことがある。虫歯や糖尿病をまったく気にしていないということが問題なのではなく、その人は奴隷制時代の人々の痛みや、それを飲むことの罪深さを忘れないようにするためだと言っていた。格好つけすぎである。偽善である。鼻持ちならない形而上的思想である。しかし、もはやそうではないものがあるだろうか？　絶対に砂糖を入れてコーヒーを飲む行為を警句にしなければならないのではないか。口にするもの、身につけるもの、身に施すもの。その原料はどこから、誰の手によってもたらされているのかを考えずして、そして考えた末に頭を抱えずして、享受できるものなどないのではないか。

夏の晴れた日に、ケントやサセックスの摘み採り（pick your own）ができるベリー農場を訪れ、陽光に照らされたラズベリーを口に入れてみればよい。温かいジュースがふんだんに口に溢れ、温かい分だけ甘みが濃く、鼻に抜ける余韻が深い。自分で採ってみることだ。採って持ち帰ることのできる分だけのお金を払うシステムが大半だから、量も金額も自分でコントロールできる。少なくとも、そこで自分が食べるベリーぐらいは自分で摘み採ることができる環境が、まだ残されている。食べきれない分は持ち帰り、やはりサマープディングにすればよい。ブラックベリーが足りないからといって、途中のスーパーに寄って買い足してはいけない。あくまでも自分で摘み採ったベリーだけで作る。それでも、砂糖を使って煮なければならないのだから、階級格差をなかったことにする食べ物にはなりえないことは、少し自覚しておいた方がいいことは言うまでもない。砂糖を使っても、それは十分に酸味と苦味を残しているだろうから。

注1　二〇二四年六月時点、ペニロイヤルミントは観賞用や害虫よけとして有効だが食用には適さないとされている。

注2　Sinai Fleary, "Strawberry Slavery Exclusive: Voice Investigation into 'Exploitation' of Caribbean Migrant Workers on British Farms", *The Voice*, 10 October 2021, https://www.voice-online.co.uk/news/2021/10/10/strawberry-slavery/

注3　Emiliano Mellino, Pete Pattisson and Rudra Pangeni, "Migrant Fruit Pickers Charged Thousands in Illegal Fees to Work on UK Farms, Investigation Shows", *The Guardian*, 27 May 2022, https://www.theguardian.com/global-development/2022/may/27/migrant-fruit-pickers-charged-thousands-in-fees-to-work-on-uk-farms-investigation-shows

サマープディング

材料
（直径15cmのプディング型1個分）

食パン（サンドウィッチ用）…8枚
ベリー…500 g
ハチミツ…90 g
砂糖…30 g
レモンの搾り汁…1/2個分
水…大さじ2
ミントの葉…約10枚

ストロベリー＆クリーム

生クリーム100mlにバニラビーンズ1/2本と適量の粉砂糖を入れてよくヘラで混ぜ（ホイップはしないように気をつける）、冷蔵庫で冷やしておく。軸を取り除いてお好みの大きさにカットしたイチゴを器に盛り、食べる直前に冷たいクリームを注ぐ。

作り方

1　数種類のベリーを用意する。ブルーベリー、ラズベリー、ブラックベリー、ブラックカラントなど手に入るものを合わせて500 gに。

2　鍋にハチミツ、砂糖、レモンの搾り汁、水を入れよく混ぜる。ハチミツと砂糖が溶けたらミントの葉とベリーを加え、弱火でベリーが柔らかくなり果汁が出てくるまで煮る。ジャムのようにベリーの形が崩れてしまわないように気をつける。

3　2の粗熱がとれたらミントを取り出し、果肉とシロップを分けてボウルに入れる。

4　食パンは乾燥したものを用意する。パンの耳は切り落とし、プディング型の底に合わせた円形を1枚、蓋用に大きい円形を1枚、側面用に型の高さに合わせた台形を12枚カットする。

5　プディングを取り出しやすいように、型にラップを敷いておく。カットしたパンの片面をシロップに軽く浸し、浸した方を外側にして型に敷き詰めていく。まず底に置き、次に台形のパンの底辺の短い方を下にして少しずつずらしながら重ね、型の側面を一周する。パンは隙間なく敷き詰め、型のふちの高さまでくるように。

6　型いっぱいに果肉を詰め、シロップを注ぐ。このときシロップは少し残しておく。

7　パンの蓋をかぶせ、ラップをした上から適当な皿などで重石をしてシロップをパンにしみ込ませ、そのまま冷蔵庫で一晩冷やす。シロップがこぼれるので受け皿にのせておくとよい。

8　型に皿をかぶせてひっくり返し、プディングを取り出す。残しておいたシロップをかけて、フレシュなベリーやミントの葉を飾りつけ生クリームを添えて、どうぞ！

あとがき

この本は、レシピ本であってレシピ本ではありません。この本ではそれぞれの料理のレシピを紹介しています。その中で、たとえばウナギをさばいたり豚肉を燻製してベーコンを作ったりという面倒な作業を省いてもその料理を美味しく作れるような、実際的で役に立つレシピが掲載されていますので、ぜひ作って味わっていただきたいと思います。そういう意味ではレシピ本です。同時に、それぞれのレシピは、読者の皆さんにそれぞれの料理を読んで味わってもらい、より深く理解してもらうための一つの大切な材料として掲載されています。われら「コモナーズ・キッチン」では、すべての料理をできるかぎり手作りし、食べることを続けています。できるだけ全部手作りするという、このとても面倒な作業を通して見えてきたこと、（再）発見したこと、新たに気づいたことを読者の皆さんと共有する。これがわたしたちの目指すところです。ですから家庭でも簡単に作れる簡易的なレシピや時短レシピを指南することはしないという意味では、レシピ本ではありません。お手軽な体験のためのレシピではなく、理解のためのレシピ。これが大切です。

この本は、わたしたちがとりあえず「イギリス」と呼んでいる国で通常食べられている料理を採り上げていますが、その料理をどこに行けば食べられるのかという情報を提供することはしていません。外で食べるということは、手作りする面倒な作業を他人にやらせてその成果を金銭で買い取るということですから、忙しい労働者にとっては選択肢の一つではありますが、何を外で食べることができるのかは階級によって異なります。逆に外で食べなくても済むのはどういう人たちなのか。下ごしらえに時間のかかる手の込んだ料理を作ってくれる人が家にいるとはどういうことなのか。食べるとはとても社会的な営みですし、どのように食べるのかを見ていくと、食べるとはとても文化的な営みであることにも気がつくでしょう。実際の料理を口にしながら、そんなことも考えてみてください。

世界中の料理を提供する食堂やレストランがあり、世界中から旅行客が訪れて外貨を落としてくれている日本ですが、では庶民はどこまでその「世界」を味わい、「世界」からの経済的な還元を享受できているでしょうか。貧富の格差は増すばかりで若者たちがより楽しい未来を想像することすら難しくなっているのに、わたしたちはまるで階級差などないかのように、またこれまでもなかったかのように振る舞うよう飼いならされてはいないでしょうか。

誰が作り、食べるのか。何を作り、食べるのか。どこで作り、食べるのか。同じ料理でもその価格帯は幅広く、それぞれの価格帯にアクセスできるものはあらかじめ決められてはいないか。コモナーズ・キッチンは、食を通して階級分断を鮮明にしたいのではありません。火を通したものも生のものも、それらの甘み、辛み、苦み、渋み、酸み、旨みのすべてを通じて、すでに分断されてしまっている現実を舌で味わい、歯で噛みしめ、胃袋で思い知ろうとしているのです。

なんだか理屈っぽいなぁ、めんどうだなぁ、こんなふうに思われても、まあ仕方ありません。でも、ここまで読んでいただいた読者の皆さんならばおわかりでしょう。料理を想像してください。見た目だけではなく、香り、湯気、舌触り、歯ごたえ、喉越し、口の中に広がるすべて。そして実際に、お腹に収まってもまだ残る余韻まで、五感にまかせ、味わってください。わたしたちが暮らすこの国のこの社会も、「イギリス」とそれほど変わらないのではないか。そんなことに気がつくかもしれません。それに何より、「イギリス」料理が不味いだなんて、恥ずかしくて簡単に人前では言えなくなりますよ。

撮影
コモナーズ・キッチン（各章扉、レシピ内、19、108ページ）

出典
Wikipedia Commons（84-85、129ページ）
Flickr（145、202ページ）
『生きる ＬＩＶＩＮＧ』
Blu-ray＆ＤＶＤ発売中／Blu-ray：5500円（税抜5000円）／ＤＶＤ：4400円（税抜4000円）
発売・販売元：東宝　©Number 9 Films Living Limited（183ページ）

謝辞
コモナーズ・キッチンはサントリー文化財団2023年度研究助成「学問の未来を拓く」による支援を受けました。また、この間の活動過程においておおいに助けてくださった諫山三武さん、峰地有紀子さん、大内美弥子さんの皆さんに、記して感謝申し上げます。どうもありがとうございました。

舌の上の階級闘争 「イギリス」を料理する

2024年10月10日 初版第1刷発行
2025年2月2日 第2刷発行

著者……コモナーズ・キッチン(小笠原博毅、栢木清吾、ミシマショウジ)

ブックデザイン……岩渕恵子(イワブチデザイン)
地図作成・写真撮影協力……市野新一朗
表紙カバー写真……ミシマショウジ
編集協力……アサノタカオ

発行人……孫家邦
発行所……株式会社リトルモア
〒151-0051 東京都渋谷区千駄ヶ谷3-56-6
TEL:03-3401-1042 FAX:03-3401-1052
littlemore.co.jp

印刷・製本所……株式会社シナノパブリッシングプレス

Printed in Japan ISBN978-4-89815-595-0

コモナーズ・キッチン

パン屋と農家と大学教授の三名からなるコレクティヴ。料理を作って、食べて、考えることでイギリス社会の階級について理解を深め、あわよくばその分断を破壊する目論見で二〇二〇年秋、結成された。二〇二一年から二〇二二年を通じて毎月一度料理を作り、食べ、食が作り出す豊かだが同時に残酷な階級社会の有り様を、脳みそと同時に舌と胃袋で摑み取ろうと試みてきた。その経験をもとに、二〇二二年一二月から二〇二三年一一月までの一年間 note にて「Bake up Britain（イギリスを焼き上げろ）」を連載。毎月一つのイギリス料理を選び、そのレシピと歴史を通じて食と階級の関係を考える機会を提供してきた。三人それぞれ独自にイギリスとの関わりを持っていること、そして食べることをおろそかにする人間への不信感を共有していることだけで保たれるゆるいつながりである。

小笠原博毅《おがさわら・ひろき》

神戸大学国際文化学研究科教授。カルチュラル・スタディーズ。著書に『真実を語れ、そのまったき複雑性において——スチュアート・ホールの思考』など。

ミシマショウジ

パン屋アミーンズオーヴン店主、黒パン文庫主宰、詩人。詩集に『パンの心臓』など。

栢木清吾《かやのき・せいご》

農家、翻訳家。訳書にパニコス・パナイー『フィッシュ・アンド・チップスの歴史——英国の食と移民』など。